T0344531

INTERKULTURELLE BEGEGNUNGEN 11

Studien zum Literatur- und Kulturtransfer

Hrsg. von Rita Unfer Lukoschik
und Michael Dallapiazza

Patrizia Mazzadi,
Michael Dallapiazza (a cura di)

**Oswald von Wolkenstein:
Liriche scelte**

Edizione bilingue

Oswald von Wolkenstein:
Ausgewählte Lieder

Zweisprachige Ausgabe

Martin Meidenbauer **»**

Pubblicato con il contributo dell'Assessore alla cultura
Dott. Christian Tommasini. Ripartizione 15 – Cultura italiana
Ufficio Educazione permanente, biblioteche e audiovisivi.

Südtiroler
Landesmuseum
für Kultur- und
Landesgeschichte
Schloss Tirol

Museo
storico-culturale
della Provincia
di Bolzano
Castel Tirolo

Bibliografische Information der Deutschen
Nationalbibliothek
Die Deutsche Nationalbibliothek verzeichnet
diese Publikation in der Deutschen
Nationalbibliografie; detaillierte
bibliografische Daten sind im Internet
über http://dnb.d-nb.de abrufbar.

Umschlagabbildung: Porträt Oswalds von Wolkenstein,
Rodenegg-Innsbrucker Liederhandschrift (1432)
Landes- und Universitätsbibliothek Innsbruck

Printed in Germany

Gedruckt auf chlorfrei gebleichtem,
säurefreiem und alterungsbeständigem
Papier (ISO 9706)

ISBN 978-3-89975-270-0
Verlagsverzeichnis schickt gern:
Martin Meidenbauer Verlagsbuchhandlung
Schwanthalerstr. 81
D-80336 München
www.m-verlag.net

L'opera del poliedrico poeta e cavaliere Oswald von Wolkenstein è stata a lungo trascurata sia nella sua terra natia – il Tirolo – che altrove. L'impegno di un gruppo di studiosi che nel 1971 si sono riuniti nell' "Associazione Oswald von Wolkenstein" ha fatto sì che da allora in poi ci sia stato un vero fiorire di studi oswaldiani come anche di registrazioni delle sue canzoni per una e più voci.

Ciò che mancava era una grande mostra che onorasse il poeta nei luoghi che lo videro nascere, combattere per affermarsi ed infine morire al termine di una vita che lo portò in veste di pellegrino, ambasciatore, crociato e cantastorie negli angoli più remoti del mondo allora conosciuto. Il museo storico di Castel Tirolo nell'estate ed autunno del 2011 ha colmato questa lacuna con una mostra che ha incluso le testimonianze più importanti relative all'opera ed alla biografia di Oswald von Wolkenstein.

Mancava però anche una traduzione affidabile in lingua italiana delle poesie più rappresentative del poeta e compositore tirolese. Tramite la mediazione di Ulrich Müller e Michael Dallapiazza Castel Tirolo ha trovato in Patrizia Mazzadi una traduttrice competente e versata e nella casa editrice Martin Meidenbauer un foro ideale per rendere accessibili queste traduzioni ad un folto numero di lettori.

Ringraziamo tutti coloro che si sono adoperati affinchè questo importante progetto venisse portato a termine. Un ringraziamento speciale va all'Assessore alla Cultura Dott. Christian Tommasini, Ripartizione Cultura Italiana della Provincia Autonoma di Bolzano, per il supporto dato a questa iniziativa.

Siegfried de Rachewiltz
Direttore del museo storico-culturale di Castel Tirolo

Luis Durnwalder
Presidente della Giunta Provinciale e del consiglio di amministrazione di Castel Tirolo

ILLUSTRAZIONE 1: **Il Canzoniere di Rodenegg-Innsbruck**
di Oswald von Wolkenstein (*Haupthandschrift B*)
Basilea, 30 agosto 1432
Pergamena, 48 fogli
Due riguardi con ritratto a mezzobusto dipinto ad olio con applicazioni di foglie d'oro e con
registro d'indice

Il manoscritto comprende 116 canzoni monodiche e polifoniche con notazione e due poesie a
distici rimati. La stesura risale al periodo tra il 1407/08 ed il 1438 ed è per la maggior parte
opera dell'amanuense e miniatore brissinese Oswald Holer. Il Wolkenstein vi è raffigurato da
cavaliere e consigliere di re Sigismondo, indossa una pellanda di damasco o di seta ed è deco-
rato con l'ordine cavalleresco aragonese della Giara con gigli e grifone (ricevuto ad Avignone
nel 1415) nonché con l'ordine del Drago con croce infuocata di re Sigismondo (ricevuto a
Norimberga nel 1430). La palpebra destra chiusa e le cicatrici sopra la bocca e nella parte
sinistra del labbro inferiore rivelano l'autenticità dell'immagine voluta dall'ignoto ritrattista.

Innsbruck, Universitäts- und Landesbibliothek Tirol

Prefazione

Oswald von Wolkenstein (1376/78–1445) è uno dei più importanti poeti del Tardo Medioevo europeo, la cui opera, pur essendo collocata temporalmente alla fine della tradizione medioevale, presenta caratteristiche che non possono essere relegate tra le produzioni tipiche della fine di un'epoca storica. È con lui e con pochi altri autori che la lirica in lingua tedesca, dopo quasi un secolo di sostanziale silenzio, si collega nuovamente alle tradizioni poetiche di respiro europeo.

Al tempo stesso Oswald non trae spunto direttamente da esse, anche se si può presumere che conoscesse direttamente, per esempio, Petrarca. Anche quando trae ispirazione dalla tradizione medioevale, i *topoi*, le immagini, le metafore e i motivi sono spesso connotati da elementi che li superano e che, grazie alla pregnante coscienza di poeta che lo contraddistingue, indicano una via che si proietta molto lontano nel futuro. Nonostante questo, la sua opera sembra non abbia influenzato la lirica successiva.

Considerare Oswald come un poeta tedesco, o meglio tirolese, è solo in parte esatto. Certamente scrive nella lingua letteraria tedesca del XV secolo, utilizzando la variazione tirolese ed è il Tirolo ad essere la sua patria. Voler intendere 'tedesco' quale identità nazionale contraddirebbe, tuttavia, la realtà sia politica sia ideologica medioevale, anche se si è ormai giunti alla fine di questa lunga epoca. Gli imperi medioevali erano infatti plurilingui e multietnici, e questo è particolarmente vero nel periodo in cui Oswald è attivo, durante il quale il centro del potere si trovava a Praga. L'imperatore Carlo IV, appartenente alla casata dei Lussemburghesi (1316–1437, sovrano tedesco a partire dal 1346, imperatore dal 1355), padre di Sigismondo (1368–1437, sovrano tedesco dal 1411, imperatore dal 1433), più tardi sovrano tedesco e boemo, ma che regnava al tempo stesso anche su Croazia e Ungheria, signore e mecenate di Oswald, non si era mai caratterizzato come 'tedesco', come del resto in seguito suo figlio Sigismondo. Con Carlo si ebbe un vero e proprio intellettuale sul trono, che fece di Praga il primo effettivo ed importante centro di penetrazione della cultura italiana oltralpe.

L'epoca medioevale è caratterizzata, oltre che dal multiculturalismo, anche dalla mobilità degli individui, che venivano così in costante contatto con altre lingue, culture e mentalità, traendone frutti e competenze difficilmente immaginabili in epoche caratterizzate invece da travagliati nazionalismi.

È in questo contesto che è attivo il cavaliere Oswald von Wolkenstein, rappresentante della bassa nobiltà sudtirolese, che sembra abbia attraversato l'Europa in lungo e in largo, per lo più per missioni di ordine politico:

dal Baltico alla Spagna, fino a raggiungere forse il Nordafrica, dalla Scozia all'Italia alla terra santa, anche se quest'ultima destinazione resta nel campo delle ipotesi. Anche Oswald conosceva, dunque, numerose lingue e inoltre diversi dialetti dell'Italia settentrionale, aspetto che lo rese il delegato ideale di Sigismondo per molti incarichi diplomatici in questa regione. Il Tirolo ed il Sudtirolo, in quel periodo, costituivano una vera e propria porta verso la cultura, l'arte, la musica italiana, come dimostra l'opera stessa del nostro Oswald. Gli stretti legami con l'Italia erano consueti anche per le famiglie nel suo entourage, grazie a rapporti di parentela, a matrimoni o a relazioni di vassallaggio.

Nonostante la sua opera non abbia goduto di ampio seguito, la sua vita risulta essere ampiamente e seriamente documentata da più di settecento atti, una eccezione nell'ambito della letteratura medioevale, visto che per la maggior parte degli autori non si hanno testimonianze alcune.

La documentazione è stata raccolta ed edita in una pubblicazione esemplare, che sarà disponibile a breve, corredata da commento. La documentazione fa riferimento essenzialmente all'attività di Oswald nell'ambito della politica locale e di stato, ma non mancano atti inerenti la sua vita privata.

Questo ci fornisce importanti informazioni sulle sue relazioni familiari, sulle controversie legate alle eredità, sui diverbi giuridici e documenta una vita movimentata e varia, ma non troppo distante dagli standard del suo ceto.

L'ambito e i soggetti della sua azione politica sono l'alleanza nobiliare tirolese, la dinastia asburgica che domina il Tirolo, nello specifico Federico IV (dal 1406 Conte del Tirolo) e, come si è detto, re Sigismondo. La tensione crescente dell'alleanza nobiliare tirolese, (in particolare della cosiddetta alleanza elefantina, di cui Oswald è tra i fondatori), e di Oswald stesso nei confronti delle dinastie territoriali, mise in crisi i rapporti feudali all'interno dell'impero con conseguenze anche per Sigismondo. Inoltre, i conflitti tra Oswald e Federico assunsero connotazioni sicuramente pericolose ed ebbero come esito l'arresto, la prigionia e la sottomissione di Oswald.

Oswald è stato sicuramente in missione per il re già precedentemente al Consiglio di Costanza, ma da quel momento in poi, con l'entrata al servizio di Sigismondo con una rendita annua di 300 fiorini ungheresi, il suo rapporto con il sovrano si intensificò fino a farlo diventare il più importante intermediario tra la corona e la bassa nobiltà tirolese. Al suo seguito percorse presumibilmente la Francia del sud e la Spagna e fu testimone del più importante dei successi di Sigismondo: la fine dello scisma nel 1415. La realtà storica del suo tempo si riflette e conosce una rielaborazione nella produzione poetica di Oswald, ma proprio le esperienze di cui egli riferisce nelle sue liriche non sono attestate da alcun documento e trovano espressione unicamente nelle poesie. Quanto può essere ritenuto autentico con buon margine di probabilità, può essere dedotto dalla tavola cronologica allegata.

L'opera di Oswald è stata straordinariamente approfondita, da un lato grazie alla tradizione ricca di testimoni, dall'altra grazie ad un'attività di ricerca molto attiva a partire dagli anni settanta del secolo scorso che, giunta a ipotesi spesso in contraddizione tra loro, è peraltro ormai pressoché imperscrutabile. Il corpus poetico è tradito in due manoscritti pergamenacei commissionati dallo stesso Oswald, che contengono anche le melodie che accompagnano le liriche nonché alcuni ritratti dell'autore, uno dei quali, nel Codice di Innsbruck (Ms B) è di qualità particolarmente pregiata. È stato eseguito alla scuola del Pisanello, che aveva ritratto anche Sigismondo, ed è forse attribuibile allo stesso maestro. Dopo la morte di Oswald fu redatto un ulteriore codice cartaceo per il cerchio familiare.

La sua opera è edita nella sempre attuale redazione critica di Karl Kurt Klein (1962) ed è alla sua organizzazione testuale che si fa riferimento anche in questa edizione e nelle note, indicando quindi con 'Kl 18' la diciottesima lirica dell'edizione di Klein. L'opera consiste in due liriche a rima baciata (Kl 67 e Kl 112), un aforisma (Kl 133) e 130 poesie, per 39 delle quali sono riportate notazioni musicali in canone a più voci. La sua ampia produzione era dunque concepita per lo più per essere accompagnata dalla musica. Per il canone, ancora poco diffuso nell'ambito linguistico tedesco, Oswald ha adattato alle sue composizioni melodie italiane e francesi. I componimenti per voce sola, invece, sono opera di Oswald stesso e testimoniano, con la geniale armonia di verso e musica, la presenza di un talento musicale di sicuro pregio sia per un cavaliere, sia per un letterato.

Diverse sue liriche, come per esempio quelle relative ai suoi molti viaggi, hanno carattere autobiografico e sono state spesso lette come autenticamente biografiche. Che tutta l'opera si ispiri alla sua biografia è inconfutabile, ma gli elementi di vita vissuta vivono una rielaborazione tale da conferire loro autonomia letteraria, anche se il pubblico di Oswald prendeva tutto quanto egli cantasse per oro colato. Di fatto ciò non può sorprendere in considerazione al fatto che anche nella letteratura contemporanea vi è la tendenza a riconoscere nella narrazione l'autore stesso e le sue esperienze di vita.

L'opera di Oswald è caratterizzata, oltre che dalla sua musicalità e dalla forma poetica oltremodo matura che vi si collega, anche dalla abilità con la quale costruisce strofe e rime, una tecnica che si rifà sicuramente alle tradizioni poetiche a lui note, ma che egli è in grado non solo di padroneggiare sapientemente, bensì anche di sviluppare ulteriormente. Degna di nota, in particolare, è la maestria linguistica, la concretezza della sua forza espressiva, ma anche la sua bravura nel gioco e nella creazione delle parole, la sua capacità di assorbire ed elaborare elementi della lingua non tedeschi senza che questi vengano minimamente ad oscurare le sue liriche, anche se esse non sono più di immediata comprensione per il lettore moderno. Quello che quest'ultimo può peraltro trarre dall'accostarsi all'opera di Oswald è il piacere della poesia intensa, la forza dell'espressione e la trasparenza della stessa, la vivacità e la soggettività delle sue composizioni.

Tentare di catalogare la sua opera in tipologie diverse non è sempre facile, proprio a causa della sua ricchezza espositiva. Spesso, anzi, tentativi di questo tipo realizzati in ambito di ricerca hanno messo in evidenza inevitabili sovrapposizioni, intersezioni e confluenze. Volendo di molto semplificare questo compito si possono individuare tre gruppi principali: 1) Liriche a 'carattere amoroso' nella connotazione più ampia che vanno dall'amor cortese, alle raffinate composizioni erotiche che Oswald dedica alla moglie Margarete, dalle 'albe', che Oswald propone in diverse variazioni, testimoniando così la vivacità di un genere che ha goduto di ampia diffusione in ambito linguistico tedesco, per giungere infine alle 'pastorelle' e alle liriche in forma di 'dialogo amoroso'. 2) Le cosiddette liriche 'autobiografiche', alle quali appartengono sia quelle ispirate alla vita matrimoniale, sia quelle ispirate ai viaggi e alla prigionia. Mentre le liriche di viaggio (p. es. Kl 18 e Kl 19) rispecchiano il superamento in forma letteraria di quanto vissuto ed il fascino che ne era scaturito, quelle sulla prigionia rielaborano con la consueta maestria letteraria le paure reali provate dall'autore. In questo gruppo va annoverata la lirica Kl 116, ritenuta la prima lirica tedesca moderna sulla natura. 3) Le liriche a 'carattere religioso', mariologo, penitenziali. Ci sono inoltre componimenti che non rientrano in alcuno degli ambiti individuati.

La presente edizione intende, come prima edizione in lingua italiana, offrire una cernita rappresentativa di tutta l'opera di Oswald e al tempo stesso presentare le liriche che hanno contribuito a rendere famosa l'opera di Oswald presso il pubblico moderno. La lingua che Oswald utilizza è situabile all'alto tedesco proto moderno e di sicura accezione letteraria, nonostante ciò, anche il moderno pubblico tedesco necessita di una traduzione in lingua attuale. Ogni traduzione è tenuta ad adattarsi alle esigenze del pubblico al quale si rivolge, senza peraltro cedere alle pressioni del modernismo e a mantenere quindi le peculiarità linguistiche dell'originale. La sensibile traduzione di Patrizia Mazzadi, che individua all'interno del corpus quattro diverse categorie, riesce in questo intento in maniera convincente, perché ha saputo mantenere la tipicità dei testi di Oswald.

Michael Dallapiazza

Riferimenti bibliografici

La maggior parte della letteratura critica è pubblicata in lingua tedesca.

Edizione:

Lieder Oswalds von Wolkenstein. Unter Mitwirkung von Walter Weiss und Notburga Wolf hrsg. von Karl Kurt Klein. Musikanhang von Walter Salmen. Tübingen 1962, 3., neubearbeitete und erweiterte Auflage von Hans Moser, Norbert Richard Wolf und Notburga Wolf. Tübingen 1987 (=Altdeutsche Textbibliothek 55).

Edizione delle fonti biografiche:

Anton Schwob (a cura di) unter Mitarbeit von Karin Kranich-Hofbauer, Ute Monika Schwob, Brigitte Spreitzer. *Die Lebenszeugnisse Oswalds von Wolkenstein. Edition und Kommentar.* Band 1: 1382–1419, Nr. 1-92. Band 2: 1420–1428, Nr. 93-177. Band 3: 1428–1437, Nr. 178-276. Wien, Köln, Weimar: Böhlau 1999–2004.

Testi di recente pubblicazione:

Ulrich Müller, Margarete Springeth: *Oswald von Wolkenstein: Leben – Werk – Rezeption.* Berlin, New York: De Gruyter 2011. Con ampia bibliografia.

Johannes Spicker: *Oswald von Wolkenstein: Die Lieder.* Berlin Erich Schmidt Verlag 2007 (=Klassikerlektüren 10).

Contributi in lingua italiana:

Ferruccio Bravi: *La vita di Osvaldo Wolkenstein, poeta atesino del Quattrocento,* in: *Archivio per l'Alto Adige* 49 (1955), p. 337-383 e 50 (1956), p. 385-455.

Ferruccio Bravi: *Mito e realtà in Osvaldo di Wolkenstein.* Bolzano/Bozen 1970 (=Collana d'attualità 3). – [Nuova edizione Bozen/Bolzano 1971 (=Collana: Quaderni della 'Clessidra' 10)].

Ferruccio Bravi: *Osvaldo di Wolkenstein. Uomo e poeta.* Bolzano/Bozen 1977 (=Terza collana: Profili 1).

Michael Dallapiazza: *La letteratura intorno al 1400.* Pisa. Edizioni ETS 1997 (La letteratura tedesca medievale vol.10), p. 19-36.

Francesco Delbono: *Premesse critico-bibliografiche per uno studio della personalità e dell'opera di Oswald von Wolkenstein,* in: *Siculorum Gymnasium. Rassegna della Facoltà di Lettere e Filosofia dell'Università di Catania.* N. S. 18 (1965), p. 223-258.

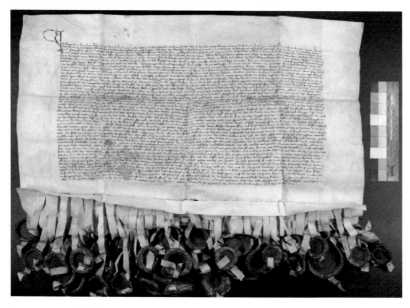

ILLUSTRAZIONE 2: **23 agosto 1406 – Bund an der Etsch**
In dorso: *Etleich(er) h(er)r(en) Ritt(er) vnd knecht Buntnuezz an de[r] Etsch / 1406*
Pergamena, copia eseguita nella prima metà del XV sec.

Capeggiati dal balivo Ulrich von Matsch, 21 esponenti della nobiltà tirolese, tra cui Oswald e Konrad von Wolkenstein, si uniscono in alleanza allo scopo di difendere e salvaguardare i diritti e gli antichi privilegi della contea nei confronti della reggenza ducale. Reciproca assistenza giudiziaria, lotta alle faide, osservanza della dignità nobiliare, obbedienza al sovrano eletto e culto funerario comunitario – il tutto contraddistinto da una piccolo elefante d'argento da portarsi addosso quale segno di riconoscimento – sono i princìpi che parte dello statuto della "Lega dell'elefante", ufficialmente dichiarata come "società" e "fraternità".

Bolzano, Archivio provinciale dell'Alto Adige, archivio Wolkenstein-Trostburg

Oswald von Wolkenstein:
Biografia cronologica

La tavola cronologica riferita alla biografia di Oswald von Wolkenstein, redatta da Ulrich Müller facendo ricorso all'esauriente raccolta di dati biografici allestita da Hans-Dieter Mück e da Ute Monika Schwob per il catalogo della mostra ICH WOLKENSTEIN a Castel Tirolo nel 2011, tratta con maggiore attenzione soprattutto quegli anni in cui Wolkenstein scrisse molte delle sue liriche, senza però avere la pretesa di voler fornire un quadro completo e dettagliato della movimentata ed in gran parte ben documentata vita del protagonista, tra l'altro ampiamente illustrata nella biografia di Schwob (1977) nonché dalla "Sammlung der Lebens-zeugnisse", la raccolta di testimonianze biografiche ad opera della stesso autore (1999 sgg.). Le vicende riconducibili alle singole liriche sono stampate a caratteri corsivi con riferimento ai relativi canti scelti tra quelli di maggiore importanza. Alcuni pochi dati centrali inerenti la "grande politica" sono stati aggiunti in maiuscolo (Abbreviazioni: LZ = Schwob, Lebenszeugnisse; Kl = numerazione delle liriche secondo l'edizione Klein del 1962). A completare la tavola cronologica potranno servire le immagini del suddetto volume di raccolta delle testimonianze che contiene anche le spiegazioni dei riferimenti biografici qui accennati.

A PARTIRE DAL 1363:	GLI ASBURGO SUBENTRANO AI WITTELS-BACH (MARGARETE MAULTASCH) NEL RUOLO DI SIGNORI DEL TIROLO
1376/1377:	*Nasce OvW (Kl 18),* secondogenito del signore terriero Friedrich von Wolkenstein e di Katharina von Vilanders-Trostburg, presumibilmente a Castel Trost-burg (oppure a Castel Schöneck).
1378:	MORTE DELL'IMPERATORE CARLO IV; INIZIO DELLO SCISMA ECCLESIASTICO
1386 e 1388:	VITTORIA DEI CONFEDERATI SVIZZERI SUGLI ASBURGICI NELLE BATTAGLIE DI SEMPACH E NÄFELS
a ca. 10 anni dalla nascita:	*"apprendistato" di OvW da scudiero, primi viaggi (Kl 18 I/II, Kl 44, "cataloghi delle terre" ed altri); negli anni successivi intraprende ripetuti lunghi viaggi interrotti da soggiorni nel (Sud)Tirolo.*
1394:	Lite per l'eredità della proprietà di Castel Hauenstein che contrappone i Wolkenstein a Martin Jäger von Tisens e sua moglie Barbara von Hauenstein. Il nonno

13

di OvW, Eckhard von Vilanders, aveva acquistato un terzo del maniero (con annessi). Nel 1397 una sentenza arbitrale del vescovo di Bressanone aggiudica due terzi del possedimento a Barbara von Hauenstein e a suo marito, il rimanente terzo alla famiglia Wolkenstein (Schwob 1977, 27 sg.).

1399 e 1402: Probabile partecipazione alle "campagne di Prussia", le spedizioni belliche dei Cavalieri dell'Ordine Teutonico nei territori lituani (LZ 5, 10, 18; *Kl 18/ 26/ 44/ 123*).

1400: Muore il padre di OvW *(cfr. anche Kl 18 I)*; prima menzione documentata di OvW (LZ 6: permuta di beni fondiari).

1400–1410: RE ROBERTO III DI GERMANIA

1401 autunno: *OvW partecipa alla campagna d'Italia di re Roberto III di Germania (Kl 18 II; cfr. LZ 7); probabili altri lunghi viaggi (naufragio con salvataggio miracoloso: Kl 18/ 23; inoltre Kl 44 e "cataloghi delle terre"; tavola votiva nel duomo di Bressanone del 1407, cfr. LZ 37).*

1403: Prima menzione di OvW nel ruolo di fiduciario ecclesiale al servizio del vescovo Ulrich I di Bressanone (LZ 20).

1404: OvW e suo fratello minore falliscono nel tentativo di sottrarre gioielli e denaro alla consorte del loro fratello maggiore Michael, il quale ferisce gravemente OvW (LZ 218: rapporto di Bartholomäus von Gufidaun datato 12 dic. 1430; *cfr. eventualmente Kl 23 II)*.

1402/1406: Federico IV d'Austria ottiene la reggenza del Tirolo e dell'Austria anteriore. OvW partecipa alla fondazione della "Lega dell'Elefante", un sodalizio tra i nobili tirolesi, rivelatosi poi scarsamente efficace, per contrastare il dominio del duca Federico IV (23 ago. 1406); l'anno successivo la nobiltà si costituisce in un patto molto più potente ed esteso ("Lega dell'Adige" LZ 31).

1407: Spartizione dei beni ereditari tra Michael von Wolkenstein ed i suoi fratelli minori Oswald e Leonhard (LZ 32 sgg.); OvW ottiene tra l'altro il terzo di Castel Hauenstein; donazione della cappella consacrata a Sant'Osvaldo nel duomo di Bressanone (LZ 37, 38; con tavola votiva dedicata al naufragio: *Kl 18, Kl 23; ["swarze see" = mar Nero?])*.

1408:	Donazione della lapide commemorativa per la cappella di Sant'Osvaldo nel duomo di Bressanone (LZ 41).
1409, 25 maggio:	Appare in un documento il nome di Anna Hausmann, figlia del defunto Hans Hausmann, maestro della scuola vescovile brissinese ed ex borgomastro di Bressanone (LZ 45; una ventina di ulteriori documenti); il documento porta il sigillo di OvW "capitano della Chiesa di Bressanone"; *la "Hausmannin" (=Kl 26 XII, 10) viene immortalata da OvW in numerose liriche quale "buel" (dama del cuore, amante).*
1410:	Assunzione al servizio del vescovo di Bressanone Ulrich I mediante un contratto che in seguito verrà ridotto ad una scadenza di cinque anni (LZ 63).
1410 ca.:	*Pellegrinaggio a Gerusalemme e attraverso l'Oriente (Kl 17, Kl 35 I, "cataloghi delle terre" ecc.;* cfr. LZ 163: Consigli per un viaggio in Palestina forniti in data 9 sett. 1426 al conte palatino Ludovico III).
1410–1437:	RE SIGISMONDO, IMPERATORE DAL 1433
1411, 2 novembre:	OvW acquisisce per sé e per due suoi servitori una prebenda presso l'abbazia agostiniana di Novacella a Bressanone (LZ 55).
1412/1413:	*Probabile partecipazione alle guerre veneziane al servizio di re Sigismondo (Kl 18 II).*
1414–1418:	CONCILIO DI COSTANZA
1415:	OvW presenzia al Concilio di Costanza *(Kl 122, Kl 123, Kl 45, Kl 19 II)*; dal 15 febbraio in poi appare nel ruolo di una sorta di "incaricato speciale" di re Sigismondo (LZ 70).
1415, MARZO:	FUGA DA COSTANZA DEL PAPA SCISMATICO GIOVANNI XXIII SOSTENUTO DAL DUCA FEDERICO IV
1415/1416:	*Viaggio d'ambasciata per incarico conferitogli da re Sigismondo che lo porta a Heidelberg, in Inghilterra, in Scozia e in Irlanda (Kl 26 I), quindi in Portogallo, a Ceuta nell'Africa settentrionale (dove partecipa alla conquista del territorio con le truppe di Enrico il Navigatore), a Granada, ad Avignone (dove viene insignito dell'Ordine della Giara e del Grifone aragonese), a Perpignano (nuovo incontro con re Sigismondo) ed infine a Parigi, da dove Sigismondo lo fa rientrare in Tirolo.* Missione del viaggio diplomatico: cercare sostegno per imporre le

	dimissioni al papa scismatico Benedetto XIII (LZ 73/90: salvacondotti).
1415, 6 LUGLIO:	A COSTANZA VIENE GIUSTIZIATO SUL ROGO JAN HUS, PROFESSORE TEOLOGO ALL'UNIVERSITÀ DI PRAGA, STESSA SORTE PER IL SUO COLLEGA HIERONYMUS IL 30 MAGGIO 1416
1417:	Data probabile del matrimonio tra OvW e Margarete von Schwangau e loro insediamento a Castel Hauenstein di cui soltanto un terzo gli appartiene (cfr. LZ 84, 88 [il 20 genn. 1419 prima menzione di Margarete quale consorte di OvW]); *Margarete viene nominata in diverse liriche ("la sveva superba": Kl 110 II, 1); altre liriche a lei dedicate senza citare il suo nome.*
1418:	*Vittoria priva di conseguenze da parte dei Wolkenstein nell'assedio di Greifenstein (castel del Grifo appartenente agli Starkenberg) da parte delle truppe del duca Federico IV (Kl 85?)* – Maggio: Riconciliazione tra Sigismondo e Federico IV con amnistia a favore dei nobili tirolesi, tra cui anche OvW: LZ 82.
1419:	OvW raggiunge re Sigismondo a Presburgo, una delle residenze preferite del re e a quel tempo parte del regno d'Ungheria (cfr. LZ 73, 90). A Blindenburg (Ungheria) il duca Premislao III di Troppavia arricchisce il blasone di Wolkenstein conferendogli l'onorificenza del cosiddetto "Kohlkorb" (LZ 91; riportato su sigillo, libri fondiari e lapide sepolcrale di Novacella [conservata soltanto in una riproduzione disegnata]).
1420:	Partecipazione alle lotte contro gli hussiti (LZ 97: fortezza di Vyšehrad presso Praga: *eventualmente Kl 27).*
1421:	OvW appare quale capitano di Castel Neuhaus dei conti di Gorizia (LZ 100: 6 sett. 1421). Esplode di nuovo la lite per l'eredità di Castel Hauenstein (cfr. LZ 112: elenco redatto da Martin Jäger riguardante i beni e le rendite da OvW sottratti illegalmente a lui e a sua moglie); poco dopo Martin Jäger, sostenuto da alcuni amici, anch'essi in lite con OvW, lo fa catturare, *con l'aiuto di un tranello tesogli dalla sua stessa ex amante (Anna Hausmann), anch'essa coinvolta nella controversia (Kl 2, 3, 59, 60). Dapprima portato a Castel Vall presso Prissiano, in*

seguito poi a Castel Forst, una proprietà degli Starkenberg di cui Martin Jäger è amministratore (LZ 102), *OvW viene tenuto prigioniero e torturato (all'insaputa degli stessi Starkenberg)* per essere infine tradotto in dicembre nelle carceri del duca Federico IV ad Innsbruck (LZ 106, 107).

1422: La controversia, tra l'altro ben documentata (LZ 102 sgg.), si risolve il 18 marzo del 1422 con la concessione della libertà provvisoria fino all'agosto dello stesso anno dietro deposito di una spropositata cauzione pari a 6000 ducati. Per evitare un ritorno in prigione OvW si rifugia a Castel Neuhaus dei conti di Gorizia (LZ 129 sgg.) per quindi recarsi a Presburgo e chiedere aiuto a re Sigismondo (LZ 135-139) che toglierà al duca Federico i suoi feudi imperiali e ordinerà la mobilitazione contro lo stesso.

1423: Costituzione di un patto di alleanza, di breve durata, tra i nobili tirolesi per contrastare il duca Federico IV, nuovo assedio di Castel Greifenstein da parte delle truppe del duca *(Kl 85?).*

1425, 17 febbraio: Riconciliazione tra Sigismondo e Federico, nuovo viaggio di OvW a Presburgo alla corte del re. *È in quell'occasione che nascono probabilmente le canzoni sul faticoso ed inutile viaggio in Ungheria culminato in una deludente udienza presso il sovrano (Kl 23, 30, 55).* OvW termina, probabilmente a Vienna, il suo canzoniere "Liederhandschrift A" a cui lavora già da parecchi anni (LZ 148; con aggiornamenti che si protraggono fino al 1441 ca.). Progressiva sottomissione dei nobili tirolesi ribelli.

1426/1427: *OvW trascorre l'inverno isolato e tormentato a Castel Hauenstein (canto invernale Kl 44; più tardi contrapposto al canto estivo Kl 116).*

1427: Il duca Federico IV invita OvW a presentarsi all'assemblea giudicante della contea convocata a Bolzano (LZ 165) per ricomporre conflitti politici e controversie giudiziarie. Per sottrarsi al rischio di essere condannato da tale corte, OvW tenta una nuova fuga, ma Martin Jäger ed un parente di Anna Hausmann ne informano il duca che lo fa catturare e mettere ai ferri nel castello di Vellenberg presso Innsbruck. Il 1° maggio OvW è costretto a firmare un atto di sottomissione al duca (LZ 168: atto di sottomissione, *trattato esaurientemente in Kl 26*), mentre il duca, per disporre di un mezzo di pressione,

17

continua a tenersi gli atti della garanzia cautelare riferita alle vicende del 1422. Lo stesso giorno si risolve la lite per l'eredità di Castel Hauenstein (LZ 170-172; LZ 174: libro fondiario), mentre continua a rimanere irrisolta la controversia tra OvW e suo cugino Hans von Vilanders risalente al pegno di garanzia prestato da quest'ultimo nel 1422.

1427/1428 inverno: *Viaggio attraverso Salisburgo, Monaco, Augusta, Ulma ed Heidelberg fino a Colonia ed in Vestfalia, dove OvW viene accolto come scabino membro del tribunale segreto della Feme, quindi ritorno via Heidelberg (Kl 41, 86).*

1429: Ripetuti tentativi da parte di OvW per ottenere giustizia, con l'aiuto del Tribunale della Feme vestfaliano, riguardo le sue rivendicazioni politiche e patrimoniali (LZ 182, 195 sg.). OvW diventa uno dei protagonisti delle ribellione del capitolo del duomo e dell'abbazia agostiniana contro il neoeletto vescovo brissinese Ulrich II Putsch, reo di non aver mantenuto quanto promesso in sede di elezione. Mentre il vescovo viene messo ai ferri, OvW gli tira un forte pugno (LZ 199: diario del vescovo); in seguito le parti vengono costrette a trovare un compromesso e riconciliarsi *(Kl 81, Kl 104).*

1430/1431: Visita a Vienna alla corte di re Sigismondo (LZ 2121) che lo assume nel suo seguito per presenziare dapprima all'Assemblea Imperiale (settembre 1430) ed in seguito alla Dieta dell'Impero di Norimberga (primavera 1431: LZ 214, 216, 220-222); nel frattempo intraprende anche un viaggio a Costanza *(Kl 98, Kl 99).* In quel periodo entra anche a far parte dell'Ordine dei Cavalieri del Drago istituito da re Sigismondo (LZ 222; ritratto sul canzoniere B). Il 14 agosto 1431 le truppe imperiali vengono sconfitte dagli hussiti nella battaglia di Taus in Boemia *(Kl 134),* alla quale OvW non può aver partecipato, visto che il 12 agosto dello stesso anno, dopo un breve soggiorno in Tirolo, Sigismondo da Norimberga lo nomina "regio consigliere" per mandarlo in missione da Federico IV (LZ 225, 226).

1431–1449: CONCILIO DI BASILEA
1432: Re Sigismondo, dal settembre del 1431 impegnato nel suo tormentoso viaggio a Roma per essere incoronato imperatore, da Piacenza ordina a OvW di raggiungerlo per svolgere delle missioni speciali

(LZ 231, 10 gennaio 1432; *Kl 103*). Dapprima dovrà scortare a Roma il diplomatico e teologo Nikolaus Stock, ed in seguito, dopo qualche settimana trascorsa a Roma (LZ 233; *per i pericoli che una simile trasferta comporta vedi Kl 105* e LZ 234), re Sigismondo, ora con la sua corte fermo a Parma, lo manda in missione al Concilio di Basilea (LZ 234: maggio 1432), dove OvW, che ora si fa chiamare "regio consigliere", il 30 agosto 1432 (LZ 236) porta anche a termine il suo secondo canzoniere "Liederhandschrift B" con un suo ritratto dal vivo fatto eseguire probabilmente in Italia settentrionale; il manoscritto verrà ancora aggiornato e completato fino ad oltre l'anno 1438.

1433: Al più tardi a partire dal febbraio 1433 (LZ 237) OvW soggiorna nuovamente nel Tirolo; probabilmente non presenzia all'incoronazione ad imperatore di Sigismondo che si svolge a Roma il 31 maggio di quell'anno.

1434: Partecipa alla Dieta dell'Impero riunitasi a Ulma (LZ 250-255, *Kl 103*). Pare che a partire dal 1435 OvW, ammalatosi gravemente in autunno, non lascerà più il suolo tirolese. La biografia di Schwob del 1977 nonché LZ 256 sgg. (LZ dal 277 in poi sono in preparazione) trattano esaurientemente le varie attività svolte in quel periodo dal nobile signore terriero ed esperto giureconsulto nel frattempo assai apprezzato e stimato anche nella sua terra natia.

1437/1439: L'IMPERATORE SIGISMONDO MUORE A ZNAIM (9 DICEMBRE 1437). IL SUO SUCCESSORE ALBERTO II D'ASBURGO MUORE NEMMENO DUE ANNI PIÙ TARDI (27 OTT. 1439), LA REGGENZA DELL'IMPERO PASSA NELLE MANI DI FEDERICO III, SUO CUGINO DEL RAMO LEOPOLDIANO, CHE REGNERÀ FINO AL 1493 (DAL 1452 DA IMPERATORE). IL DUCA FEDERICO IV MUORE AD INNSBRUCK IL 24 GIUGNO 1439, SUO FIGLIO DODICENNE SIGISMONDO PASSA SOTTO LA TUTELA DI FEDERICO III CHE ASSUME LA REGGENZA AD INTERIM DELLA CONTEA DI TIROLO

1439: Dall'Assemblea degli Stati Corporativi riunitasi ad Hall nel Tirolo, OvW viene invitato ad intervenire da consulente nella stessa assemblea per regolare la tutela del minorenne duca Sigismondo e

19

1440/1442:

1442, 30 settembre:

1443:

1444:

1445:

salvaguardare i beni e i tesori lasciatigli in eredità dal suo defunto padre (LZ 296).

Nuovo tentativo da parte di OvW e dei suoi figli Oswald il giovane e Gotthard von Wolkenstein di far rinunciare Hans von Vilanders alle sue rivendicazioni inerenti la garanzia cautelare prestata nel 1422. Nel giugno del 1441 riscoppia ferocemente la lite intorno ai diritti di alpeggio sulle malghe del Renon e di Villandro, una controversia portata avanti già da lungo tempo e che nel maggio 1442 vedrà OvW vittima di un fallito attentato omicida. L'anno successivo si giungerà ad una composizione definitiva della storica contesa.

OvW si ammala ulteriormente.

In seguito alla morte di suo fratello maggiore Michael, OvW diventa capofamiglia e titolare feudatario della casata. Da Graz il giovane duca Sigismondo entra in contatto segreto con l'ormai assai influente OvW (30 gennaio 1443). Nello stesso anno scade il contratto tutelare stipulato ad Hall nel 1439, ma re Federico III costringe il suo pupillo ad accettare un'ulteriore proroga di sei anni. Il 3 novembre 1443 un gruppo di nobili tirolesi invita la popolazione a schierarsi a favore del giovane duca.

Il consiglio tutelare schieratosi a favore di Sigismondo fa trasferire da Bressanone a Merano sia l'atto con il contratto tutelare che l'inventario della camera del tesoro lasciata dal defunto duca Federico IV, quindi i due documenti di maggiore importanza nella controversia con re Federico III, incaricando OvW di individuare un luogo sicuro per la loro conservazione, affidandogli infine due delle sei chiavi di accesso a tale stanza di sicurezza.

Lo stato di salute di OvW peggiora ulteriormente (lettere della moglie Margarete datate marzo e 28 maggio 1445); OvW partecipa all'Assemblea degli Stati Corporativi riunitasi a Merano nel maggio del 1445, città nella quale morirà il 2 agosto 1445 tra le braccia di Margarete, accorsa in tempo da Castel Hauenstein. Grazie ad una concessione scritta dal decano dell'abbazia di Novacella e recapitata ad OvW il 14 giugno, la sua salma verrà traslata ("con grande fatica e sotto un sole cocente") da Merano a Bressanone e tumulata nella basilica dell'abbazia "accanto al fonte battesimale" (Cod. 960 della biblioteca universitaria di Innsbruck; descrizione della lapide tombale fornita da Marx Sittich von Wolkenstein, scomparsa nel Settecento). Soltanto nel 1465 il figlio omonimo di OvW riuscirà a trovare un compromesso con il duca Sigismondo, dal 1446 nuovo reggente di Tirolo, a proposito della scabrosa faccenda riguardante la garanzia cautelare del lontano 1422: contro un pagamento di 1000 fiorini (al posto dei 6000 ducati nominali del pegno ancora in vigore) Oswald il giovane entra in possesso dell'intera documentazione.

1973–1989:   "L'ultimo viaggio di OvW" (per i dettagli cfr. "Die letzte Reise OsvW" di Schallaböck/Müller 2003): nel novembre 1973, nel corso di scavi pavimentali nella basilica di Novacella, vengono rinvenuti in corrispondenza del sito sopramenzionato resti di uno scheletro umano, privi di oggetti aggiuntivi, ossa che con sicurezza pressoché assoluta appartengono a OvW (Glowatzki-Mullis ed altri, 1982/1983). Dopo un'odissea durata ben sedici anni [!], il 1° ottobre del 1988 la Società Oswald von Wolkenstein restituirà finalmente tali spoglie all'abbazia di Novacella dove, dopo un ulteriore anno di attesa, verranno riseppellite non lontano dal luogo originale "per riposare, si spera, definitivamente in pace" (R. Olt, 1989 nella Frankfurter Allgemeine Zeitung).

(In traduzione da: Ulrich Müller und Margarete Springeth: *Oswald von Wolkenstein: Leben – Werk – Rezeption*. Berlin, New York: De Gruyter 2011)

ILLUSTRAZIONE 3:
Ritratto in pietra del fondatore Oswald von Wolkenstein (Lapide commemorativa)
Bressanone, 1408
Trascrizione, a sinistra:
anno + d[o]m[ini] + m + ccc + viij + oswald + d' + wolkenstain
Marmo bianco di Racines, 235 x 101 cm

Per la benedizione della sua cappella di S. Osvaldo il 29 maggio 1407 Oswald von Wolkenstein commissionò per il matroneo del duomo di Bressanone una lapide commemorativa da collocare in maniera ben visibile presso l'altare della cappella stessa. L'opera, realizzata con la tecnica a rilievo, mostra il fondatore trentenne a figura intera quale *miles christianus* agghindato secondo il proprio rango. La parte destra della lapide fu lasciata vuota perchè avrebbe dovuto accogliere, come lapide funeraria, la sua data di morte. Non si conosce il motivo per cui dopo la sua morte non fu apposta.

Liriche scelte

Nota alla scelta delle liriche

Ogni traduzione implica un'interpretazione e questo è tanto più vero quando non si traduce un intero corpus, ma quando si operano delle scelte al suo interno.

Precisa intenzione di questa prima traduzione in italiano delle liriche di Oswald von Wolkenstein è quella di proporre le diverse sfaccettature dell'opera del grande autore tirolese.

La lirica iniziale, la Kl 90, che appartiene al gruppo dei componimenti autobiografici che aprono il volume, è parsa ben rappresentare la poetica wolkensteiniana, perché dà conto di una interessante commistione tra la dimensione del ricordo, rivolta quindi al passato, e quella del desiderio, proiettata verso un ipotetico futuro. Sono due dimensioni temporali ed esistenziali che spesso si intrecciano nei componimenti di Oswald e che caratterizzano nel profondo il corpus delle sue liriche.

Al questo primo gruppo, fanno seguito una serie di composizioni a carattere religioso e morale, che testimoniano la forte tensione verso l'Assoluto di Oswald, cui fanno da contrappunto quelle di carattere amoroso. Si tratta di componimenti fortemente diversificati nello stile e nel linguaggio, che trattano sia l'amore cortese nella sua accezione più pura, sia il rapporto intenso e sensuale che lo lega alla moglie Margarete, sia le avventure erotiche con servette e contadine. Chiude la raccolta una *pastorella* che, in netto contrasto con l'appassionata lirica in apertura, presenta un ulteriore aspetto del poeta tirolese, quello scherzoso e leggero che diverte il suo pubblico intessendo un dialogo solo apparentemente semplice e festoso.

Patrizia Mazzadi

Autobiografiche

Kl 90 *Oh Dio, potessi essere un pellegrino*

Oh Dio, potessi essere un pellegrino
come lo sono stato un tempo,
allora mi muoverei verso le mie sorelle,
con sentimenti fraterni, in amicizia.
Molte avventure, nuove storie,
racconterei loro, amorevolmente
alle tenere orecchie,
con sussurri fraterni.
Due rametti a croce cucirei
sul mio mantello,[1] come un tempo,
e sotto quel saio mi trasformerei in un monaco,
un bel fratello,
che preferisce l'amore delle sorelle a quello delle madri.

Dove l'affetto del cuore è presente,
la notte non dura che un attimo,
come posso accontentarmi di un tempo
così breve? Di lei, che mi dà gioia,
che ha conquistato il mio cuore
con improvviso ardore,
non potrò essere sazio mai,
nel tempo che mi è dato.

La sofferenza della separazione mi tormenta,
l'ho patita con grande lamento,
ma mi addolora ancor più, giorno dopo giorno,
non avere più spesso occasioni di commiato,
poiché troppo poco mi è accanto,
colei che mi dona più gioia
di ogni possibile bene nel mondo intero.
Questo mi spezza il cuore.
Due rametti a croce cucirei
sul mio mantello, come un tempo,
e sotto quel saio mi trasformerei in un monaco
un bel fratello,
che preferisce l'amore delle sorelle a quello delle madri.

---

[1] Oswald intende *Kotze*, capo di abbigliamento di antica origine, derivante dal romano *Paenula*, diffuso nelle zone alpine. È una sorta di mantello in lana o in lana cotta, quadrato o tondo, con un solo bottone e un'apertura sul davanti.

Autobiografische Lieder

Kl 90 *Ach got, wer ich ain bilgerin*

I
Ach got, wer ich ain bilgerin,
als ich vor zeitten ainer was,
So walt ich zu den swestern mein
gar brüderlichen ane hass.
Vil aubenteuer, neuer mer
wolt ich in losen,
scharpf in das örichin an gever
freuntlichen kosen.
Zwai stäbichin hett ich pald genät
auff ainen höggen, wie ich tät,
darunder klösterlich verdrät
schon als ain brüder,
der seine swestern lieber süchte wann die müdern.

II
Wo herzenlieb beinander ist,
da durt die nacht ain ougen blick.
wie kund ich mich der kurzen frist
benügen? der ich nicht erschrick,
Und die mein herz besessen hat
scharpf mit gewalte,
ich kan ir nimmer werden sat,
die weil ich alde.

III
Senliches schaiden mich ermart,
mit grosser klag ich das verdol.
ie doch mich teglich panget hart,
das ich mich selden schaiden sol
Und mir undicke wonet bei,
die mich tüt freuen
vor aller werlde stampanei;
das müss mich reuen.
Zwai stäbichin hett ich pald genät
auff ainen höggen, wie ich tät,
darunder klösterlich verdrät
schon als ain brüder,
der seine swestern lieber süchte wann die müdern.

Kl 5 *Vedo e sento lamentare*

I

Vedo e sento
lamentare alcuni per i beni perduti,
ma io rimpiango solo i giorni della giovinezza,
la perdita del coraggio,
che un tempo possedevo in ogni momento
senza nemmeno rendermene conto, semplicemente perché ero vivo.
Mi fanno soffrire ora
la testa, la schiena e le membra, l'età si fa sentire.
Per quello che ho peccato senza costrizione,
mio signor corpo, vi vendicate ora
con il pallore, gli occhi arrossati
e un grigiore raggrinzito: i vostri salti sono divenuti misurati.
Il cuore, il coraggio, la lingua e il passo sono pesanti,
la mia andatura è ricurva,
un tremore indebolisce tutte le mie membra,
"ahimè" è il mio solo canto,
lo ripeto giorno e notte e in ogni momento.
La mia voce tenorile è diventata incerta e rauca.

II

Crespi capelli biondi
coprivano un tempo il mio capo con folti ricci,
lo stesso si presenta ora nero e grigio
coperto di chiazze rade,
la mia bocca rossa sta diventando blu,
tanto da essere ripugnante alla mia amata;
rovinati e di un colore vago
sono ormai i miei denti, inutili anche per masticare,
e avessi anche tutti i beni del mondo,
non potrei metterli a nuovo,
né procurami la leggerezza perduta,
che torna solo nei sogni ingannatori.
Il mio lottare, saltare e correre
si è trasformato in un incerto zoppicare.
Quando voglio cantare, non faccio che tossire,
il fiato è corto,
e non desidero ormai che la fredda terra,
da quando sono divenuto debole e inutile.

Kl 5 *Ich sich und hör*

I

Ich sich und hör,
das mancher klagt verderben seines gütes,
so klag ich neur die jungen tag,
verderben freies mütes,
wes ich vor zeiten darinn pflag,
und klain emphand, do mich die erden trüg.
Mit kranker stör
houbt, rugk und bain, hend, füss das alder meldet;
was ich verfrävelt hab an not,
her leib, den mütwill geldet
mit blaicher farb und ougen rot,
gerumpfen, graw: eur sprüng sind worden klüg.
Mir swert herz, müt, zung und die tritt,
gebogen ist mein gangk,
das zittren swecht mir all gelid,
owe ist mein gesangk.
dasselb quientier ich tag und nacht,
mein tenor ist mit rümpfen wolbedacht.

II

Ain krauss, weiss har
von löcken dick hett ainst mein houbt bedecket,
dasselb plasniert sich swarz und graw,
von schilden kal durch schöcket;
mein rotter mund wil werden plaw,
darumb was ich der lieben widerzäm.
Plöd, ungevar
sind mir die zend, und slawnt mir nicht ze keuen,
und het ich aller wende güt,
ich künd ir nicht verneuen,
noch kouffen ainen freien müt,
es widerfür mir dann in slaffes träm.
Mein ringen, springen, louffen snell
hat ainen widersturz,
für singen hüst ich durch die kel,
der autem ist mir kurz;
und gieng mir not der külen erd,
seid ich bin worden swach und schier unwerd.

III
Oh, mio giovane,
credimi, non confidare nella tua bellezza e
nella forza. Eleva il pensiero e rivolgilo al cielo
con i canti dello spirito!
Quello che tu sei ora, io lo sono stato un tempo,
se verrai da me, lo vedrai e non avrai di che pentirtene.
Prima di ogni altra cosa,
devo vivere ora per compiacere Dio
con digiuni, preghiere e visite in chiesa,
in ginocchio, recitando preghiere di penitenza.
Ma anche in questo fatico a restare saldo,
da quando il corpo si è deformato per l'età.
Al posto di una cosa ne vedo quattro,
e sento come attraverso una spessa pietra.
I bambinetti si prendono ormai gioco di me,
e con loro le fresche e giovani nobildonne.
La mia stoltezza mi ha portato a tanto.
Oh miei giovani, uomini o donne, non allontanatevi mai dalla grazia di Dio!

ILLUSTRAZIONE 4:
Albrecht Dürer (1471–1528)
SIGISMVNDVS IMPERATOR, **Norimberga, 1514 (?)**
Olio su tavola di tiglio
In alto a sinistra: *SIGISMVNDVS IMP(ERATOR). EL(ECTUS): / A(NN)O. 1410: OB(IIT):*
A(NN)O. 1437
Sul margine destro: monogramma di Dürer, 1514

Questo ritratto a mezzobusto ed il suo pendant raffigurante Carlo Magno hanno uno stretto
legame con i ritratti a mezza figura dei due imperatori eseguiti da Dürer nel 1513 su
commissione del Consiglio di Norimberga e destinati ad ornare le pareti del «sacrario» in cui
venivano conservate le insegne dell'impero. Con molta probabilità questa raffigurazione di
Sigismondo si rifà ad un suo precedente ritratto autentico ed è stata commissionata per volontà
dell'imperatore Massimiliano I (1459–1519) per il quale Dürer nel 1515 eseguirà anche i
«disegni a margine del libro delle preghiere dell'imperatore Massimiliano I».

Berlino, Stiftung Deutsches Historisches Museum

III
Ach, jüngelingk,
bei dem nim war: tröst dich nit deiner schöne,
gered noch sterck! halt dich embor
mit gaistlichem gedöne!
wer du jetzund bist, der was ich vor,
kompst du zu mir, dein güt tat reut dich nicht.
Für alle dingk
solt ich jetz leben got zu wolgevallen
mit vasten, betten, kirchengän,
auf knien venien vallen.
so mag ich kainem bei bestän,
seid mir der leib von alder ist enwicht.
Für ainen siech ich allzeit vier
und hör durch groben stain,
die kindlin spotten mein nu schier,
darzü die freulin rain
mit anewitz ich das verschuld.
junck man und weib, versaumt nicht gottes huld!

Kl 85 *"E ora forza!" disse Michel von Wolkenstein*

"E ora forza!" disse Michel von Wolkenstein,
"E dunque sbrighiamoci!" disse Oswad von Wolkenstein,
"A cavallo!" disse Lienhard von Wolkenstein,
"Devono fuggire tutti senza indugio da Greifenstein!"

Allora si alzò una folata di faville[2] dalle fiamme,
giù in fondo sulle rocce, che si accesero color del sangue.
Armature e balestre, e i cappelli di ferro,[3]
ci lasciarono indietro, e ne fummo ben contenti.

Le macchine da guerra, le capanne e le tende
non erano che cenere nel campo superiore.
Si dice che chi semina vento raccoglie tempesta,
e siamo qui a darti il raccolto,[4] duca Federico.

Scaramucce e carneficine non si potevano distinguere le une dalle altre,
questo accadeva davanti a Raubenstein, sul terreno paludoso,
dove alcuni erano colpiti da lame lunghe una spanna
per le frecce, tirate dalle balestre.

I contadini di San Giorgio, tutta la comunità,
erano venuti meno al giuramento dato,
e a questi si aggiunsero i buoni amici di Raubenstein:
"Salve, vicini, dov'è finita la vostra parola? Non è certo il vostro forte!"

Un lanciare e un tirare, e un gran baccano
si levarono allora: "brandisci l'arma e lancia il fendente!
Muoviti dunque, caro nobiluomo, non resta che vincere o perdere!"
Sono anche bruciati parecchi tetti, e con loro i topi che li abitavano.[5]

Quelli di Bolzano, di Ritten e di Merano,
di Hafling e di Mölten giunsero a loro volta,
e i Sarntaler e i Jenesier, gente infida,
volevano catturarci, ma siamo loro sfuggiti.

---

[2] Il termine *Gestöber* indica la tempesta di neve e precisamente il 'turbinio dei fiocchi'.
[3] Il termine *Eisenhut* indica cittadini protetti da cappelli di ferro, per distinguerli dai cavalieri. Il termine ricorre già nel *Tristrant* di Eilhart von Oberg (cfr. Eilhart von Oberg, *Tristrant*, a cura di Patrizia Mazzadi, Carocci, Roma 2010, v. 6100).
[4] Letteralmente: 'chi prende in prestito cattiveria, viene ripagato con una cattiveria maggiore', e, quindi, "così vogliamo ripagarti, Duca Federico".
[5] Forse Oswald non si riferisce solo ai piccoli animali, ma anche, in tono dispregiativo, agli esseri umani? In questa direzione sembra propendere la traduzione di Klaus Schönmetzler.

Kl 85 „*Nu huss!*" *sprach der Michel von Wolkenstain*

I

„Nu huss!" sprach der Michel von Wolkenstain
„so hetzen wir!" sprach Oswalt von Wolckenstain,
„za hürs!" sprach her Lienhart von Wolkenstain,
„si müssen alle fliehen von Greiffenstain geleich."

II

Do hüb sich ain gestöber auss der glüt
all nider in die köfel, das es alles blüt.
banzer und armbrost, darzu die eisenhüt,
die liessens uns zu letze; do wurd wir freudenreich.

III

Die handwerch und hütten und ander ir gezelt,
das ward zu ainer aschen in dem obern veld.
ich hör, wer übel leihe, das sei ain böser gelt:
also well wir bezalen, herzog Friderich.

IV

Schalmützen, schalmeussen niemand schied.
das geschach vorm Raubenstain inn dem Ried,
das mangem ward gezogen am spann lange niet
von ainem pfeil, geflogen durch armberost gebiett.

V

Gepawren von Sant Jörgen, die ganz gemaine,
die hetten uns gesworen falsch unraine,
do komen güt gesellen von Raubenstaine:
„got grüss eu, nachgepawern, eur treu ist klaine."

VI

Ain werfen und ain schiessen, ain gross gepreuss
hüb sich an verdriessen: „glöggel dich und seuss!
nu rür dich, güt hofeman, gewinn oder fleuss!"
ouch ward daselbs besenget vil dächer unde meuss.

VII

Die Botzner, der Ritten und die von Meran,
Hafning, der Melten, die zugen oben hran,
Serntner, Jenesier, die fraidige man,
die wolten uns vergernen, do komen wir der von.

Kl 23 *Per quanto canti e componga versi*

I

Per quanto canti e componga versi
su quanto accade nel mondo e sulle sue miserie,
tutto ciò non mi appare che una piccolezza
se penso alla morte,
che non vuole darmi pace
per quanto cerchi di starle lontana,
brama la mia vita,
sfuggirle è impossibile.
È inutile ogni resistenza,[6]
ci porta tutti all'aldilà,
con trucchi astuti e sottili
può tendere insidie a ciascuno,
la pace le è invisa,
veloci le sue azioni di rapina:
se non fossi riuscito a sfuggirle,
mi avrebbe già stroncato da tempo.
In acqua e sulla terra,
a cavallo o a piedi
mi aveva già fatto cadere, con le sue trappole
rapidamente in suo potere,
se anche avessi goduto di tutti i tesori
che il sultano ha mai posseduto,
glieli avrei concessi volentieri,
se solo mi avesse lasciato andare.
Tra cadute, pericoli di annegamento
e ferite profonde,
le sono andato vicino sette volte,
ma continuo a non avere alcun contratto,
che mi rassicuri sul tempo,
le ore, i minuti o i secondi che mi lascerà ancora,
mi è dunque fedele come l'ombra,[7]
Dio sa quando riuscirà a trovarmi.

---

[6] Letteralmente: 'dichiarazione di faida', *Fehde*.
[7] Letteralmente: 'è mia compagna di piatto'.

Kl 23 *Wie vil ich sing und tichte*

I

Wie vil ich sing und tichte
den louff der werlde not,
das schätz ich als für nichte,
wenn ich bedenck den tod,
der mich nicht wil begeben,
wie serr ich von im ker,
und stellt mir nach dem leben,
sein gieng mir nahent ser.
An wider pott in sätzen
zeucht er uns all hindan,
mit scharpfen, klügen lätzen
er jedem richten kan.
güt frid ist im zerrunnen,
gar snell walt sein gevert,
wer ich im nicht entrunnen,
er het mich langst verzert.
In wasser und auf lande,
ze rosse, füssen dick
hett er mich an dem bande
verknüpft mit snellem strick.
hett ich all schätze funden,
die soldan ie erkos,
die müsst er han verslunden,
wer ich gewesen los.
Mit fällen, wassers trencke,
und grosser wunden tieff
siben mal ich gedencke.
noch hab ich dhainen brief,
das er mich sichern welle
zeit, weil, minut, noch quint;
er ist mein zergeselle,
got waiss, wie er mich vindt.

II
Vi voglio raccontare in verità
dei pericoli che ho corso a cominciare dal primo.
Una volta ero pronto a colpire, con la lancia
su un forte cavallo, e ho commesso un errore:
mi trovai davanti ad una porta, alta sei piedi[8]
e larga tre,
ci sbattei contro con rabbia,
ma non era ancora giunta la mia ora,
per ventiquattro gradini,
in fondo ad una cantina buia,
sono precipitato con gran fracasso,
e il mio cavallo si è rotto il collo sul colpo.
Ho avuto l'impressione,
di affondare in una botte piena di vino,
sono stato io, invece, ad offrire da bere
ai miei buoni amici.[9]
Poi, alcune settimane dopo,
Dio mi diede nuovamente prova della sua benevolenza:
la nave in cui ero, affondava
tra le onde impetuose del mare.
Imparai ad attaccarmi
a del buon Malvasia,
e così la botte mi portò a riva,
altrimenti sarei stato presto perduto.
E alla fine di quello stesso viaggio
questo fu il mio dono di benvenuto:
mi sono ritrovato prigioniero e privato
di tutti i miei beni.
La mia testa risuonava
ed era malmessa per le percosse,
e in più mi era stata affondata nel corpo
una spada, per metà della sua lunghezza.

---

[8] Oswald utilizza il termine *Klafter*, utilizzato anche in nautica, che indica la misura di circa sei piedi, circa un metro e ottanta, data tradizionalmente dalla corda tirata da un uomo adulto a braccia tese.
[9] Riferimento al fatto che ha brindato con i compagni per aver avuta salva la vita.

II
Mit warhait wil ich sprechen
von erst ain not gezalt:
mit ainem pflag ich ze stechen
auff rossen gross und valt;
ain tür von klafters klimme
und dreier füsse weit,
da für ich durch mit grimme,
dannocht was es nicht zeit:
Wol vier und zwainzig staffel
tieff in ains kellers grund,
die viel ich ab mit raffen,
mein ross zerbrach den slund.
mich daucht, ich wolt versinken
in ainem vas mit wein,
jedoch bott ich ze trinken
den güten freunden mein.
Darnach über ettlich wochen
got lech mir seinen hüt:
ain schiff ward mir zerbrochen
auff wilden meres flüt,
ich lert ain vas begreiffen
mit gütem malvisir,
das zoch mich zu dem reiffen;
verzagt so hett ich schier.
Und nach derselben raise
so was mein erste gab:
gevangen und ain waise
ward ich all meiner hab.
mein houbt hett volgesungen,
von slegen ward es krank,
ouch ward in mich gedrungen
ain swert nach halbes lanck.

III
Avevo anche voluto imparare a nuotare
in un lago profondo,
ma sono finito risucchiato in profondità
e nessuno mi ha rivisto
per un'ora e anche più.
Mi sono passati i bollori
a cercare del pesce sul fondo
con la punta del naso.
Prigioniero e incarcerato
sono stato anche, una volta, come un ladro,
e legato con delle corde.
Questo a causa della mia innamorata del tempo
grazie alla quale ho patito
i più immensi dolori.
Fosse morta allora!
Mi porta ancora rancore.
L'ho ben compreso poi,
quando cavalcai verso l'Ungheria,
e a causa di questa stessa faccenda
ho conosciuto patimenti ancora maggiori.
In cammino, sotto la pioggia,
ho imparato il magiaro, – ma quanto freddo! –
e ho rischiato la mia vita.
Conosco bene il Taugl[10]
e le sue cascate d'acqua,
poiché cadendo giù da grosse pietre,
ci sono finito dentro con gran fracasso,
e ne ho avuto abbastanza di questo divertimento:
scommetto su tutte le pietre preziose,
lucidate e levigate,
che se anche fossero in cento a volermi imitare,
non ne rimarrebbe nemmeno uno.[11]

---

[10] Gola lunga circa 8 chilometri tra Schlenken e Trattberg.
[11] Oswald ripete il verbo *gauggeln* per sottolineare la reiterazione dell'azione.

III

Auch schwimmen wolt ich leren
auf ainem tieffen see,
do schoss ich zu der erden,
das mich sach niemand me
vil über ain güte stunde;
do kom ich aus der hitz,
visch sücht ich an dem grunde
mit meiner nasen spitz.
Gevangen und gefüret
ward ich ainst als ain dieb
mit sailen zü gesnüret;
das schüff meins herzen lieb,
von der ich hab erworben
mein aigen leiden swer.
wer si noch ainst gestorben!
noch ist si mir gever
Des bin ich worden innen,
do ich gen Ungern rait,
noch von derselben minne
kom ich in grosses laid.
in wasser, wetter, wegen
„husch" lert ich maierol
und was ouch nach belegen;
der tauggel ward ich vol,
Das ist ain wasser sumpern
von hohen kläpfen gross,
dorin viel ich mit pumpern,
des gouggels mich verdross.
ich wett umb all die stainer,
poliert durch edel dach,
ob doch aus hundert ainer
plib, gauggelt er mir nach.

IV
Dopo due anni e mezzo
conobbi nuove disgrazie:
volevo partire da casa
per un viaggio in luoghi sconosciuti,
in Portogallo, a Granada,
in Spagna e nei paesi Berberi,
dove un tempo ero stato conosciuto
per molte belle canzoni spensierate.
Non vi ho trovato, per mia disgrazia
che nuovi guai e fatiche:
un duca, di nobile lignaggio,
di nome Federico,
mi aveva giurato vendetta,
e ne ebbi ben poco guadagno.
Mi prese prigioniero
senza colpa, e rischiai la vita.
Pensai che fosse ormai giunto a termine
il mio tempo su questa terra.
Dio non lascia niente di impunito
dal suo alto trono,
per questo sono stato duramente castigato.
Sia reso grazie alla mia antica innamorata,
che mi ha fatto conoscere
molti dolori e sofferenze,
anche se l'ha presa con sé da tempo,
ormai, la morte crudele.
Che la grandine colpisca il suo ritratto
e che l'orso selvaggio lo graffi.
Mi ha dato tale prova del suo risentimento,
da non avere più alcuna nostalgia di lei,
se avessi lasciato sbollire l'amore
su una brace ardente al giusto tempo,
ne avrei tratto maggior vantaggio
per la salute, l'anima, l'onore e per i miei beni.

IV
Darnach bei dritthalb jaren
mir trauren ward bekant,
von haim so wolt ich varen
ain rais in fremde land,
in Portugal, Kranaten,
Ispania, Barbarei,
dorinn kom mir zestatten
vil krumber stampanei.
Ain herzog hochgeboren,
gehaissen Friderich,
beweisst mir seinen zoren,
des ward ich lützel reich.
durch in ward ich gevangen
an schuld auf meinen leib;
ich wand, es wer zergangen
auf diser erden pleib.
Got lat nicht ungestraffet
von seinem höchsten stül,
des bin ich wild gezaffet;
danck hab mein alter bül,
die mir hat zü gepfiffen
vil meines leibes not,
wie wol si hat begriffen
vor lang der bitter tod.
Ir letz, die slach der schawer
und kratz der wilde ber!
die ist mir worden sawer,
das ich ir nimmer ger.
het ich die lieb versüdert
bei ainer haissen glüt,
des wer ich bas gefüdert,
an leib, sel, er und güt.

V
Ci sarebbe ancora molto da dire,
ma preferisco lasciar correre,
le avventure che ho vissuto
in giovane età,
con cristiani, russi e pagani,
e con i greci, un tempo.
Questi passatempi mi sono invisi
da quando la vecchiaia mi avvinghia.[12]
Non so, quando mi verrà a prendere
colei di cui ho parlato,[13]
quando mi piegherà e renderà infermo.
Sarò pronto allora?
Dovesse abbattersi su di me
la frusta severa del giudice supremo,
– aihmè, quale sarebbe la mia disperazione –
A chi verrei affidato allora?
Per questo voi principi e signori,
giungete da soli a darvi consiglio!
Io non posso insegnarvi nulla,
vedete da soli, come vanno le cose.
Voi tutti, poveri e ricchi,
purificatevi dai vostri peccati
perché non vi sorprenda all'improvviso
la morte con il suo clamore.
Mondo, io mi sorprendo senza sosta,
di come tu possa essere sempre tanto cieco,
proprio tu, che vedi ogni giorno,
come la morte ci privi di ogni cosa:
oggi sano e forte, domani malaticcio
e l'indomani morto.
Il tuo onore è vano
se non tieni conto di questa miseria.

---

[12] Letteralmente: 'mi cavalca'.

[13] La morte. La versione tedesca non permette malintesi, perché la morte è maschile (*der Tod*),
l'amata è al femminile.

V

Es wer noch vil ze sagen,
da wil ich lassen von,
was ich in jungen tagen
geaubenteuert han
mit kristan, reussen, haiden,
in kriechen güte zeit;
der schimpf wil mir erlaiden,
sid mich du alder ritt.
Und waiss, wenn er mich zucket,
davon ich hab gesait,
stümpflichen nider bucket,
wie schon wer ich berait?
wurd mich der richter hauen
mit seinem strengen sail,
– owe des grossen grawen! –
wem wurd ich dann zu tail?
Darumb, ir fürsten, herren,
so gebt euch selber rat,
ich darf euch nicht ze leren,
ir secht wol, wie es gat.
all menig, arm und reiche,
macht euch der sünde keusch,
das euch nicht übersliche
der tod mit seim gereusch.
Welt, mich nimpt immer wunder,
wer dich neur hab geplent,
und sichst teglich besunder,
das uns der tod entrent:
heut frisch, starck, morgen krenklich
und über morgen tod.
dein lob ist unverfäncklich,
bedenckst du nit die not. etc.

Kl 118 *Svegliati e veglia*

I
Svegliati e veglia,
svegliati e sorveglia
di giorno e di notte
i tuoi empi peccati,
per non dover divampare
in profondità, in fondo all'inferno.
Combatti coraggiosamente con i leoni:[14]
al loro azzannare e maciullare,
agli strappi delle fauci feroci,
rispondi con intenso pentimento, per non più peccare
lasciati guidare dai buoni propositi,
a fronte di quello che è stato e di quello che verrà,
se ti senti provocato da questa o quella cosa.[15]

II
Compagno, svegliati,
levati, tenditi con tutto
il corpo e spaventa
colui che solo ci vuole condurre sulla strada sbagliata
e mal ricompensare dei nostri servigi,
con l'inganno dei perfidi baci
che gli abbiamo concesso,
e con i quali ora ci vuole ripagare.
Voi tutti, dame e giovanetti
dovete uscire da questi stretti anfratti[16]
e correre via fuggendo,
per poter poi gioire
per il più bello tra i fiori degni di lode.[17]

---

[14] Intende il diavolo.
[15] Letteralmente: 'abbiamo irritato'.
[16] Oswald utilizza il termine *Nabel*, 'ombelico', forse in riferimento anche al modo di dire tedesco: 'sentirsi al centro del mondo', *Man glaubt, der Nabel der Welt zu sein*, o forse nel senso di 'cella', termine utilizzato dai traduttori tedeschi moderni.
[17] La Vergine Maria.

Kl 118 *Wol auf und wacht*

I

Wol auf und wacht,
acht, ser betracht
den tag, die nacht
eur fräveleiche sünde,
das sich die selbig nicht erzünde
tiefflich in der helle gründe.
ritterlich vecht mit den leuen.
Für ir peissen und das keuen,
für ir reissen scharpfer kleuen
reuen ser durch nimmer preuen
Las dich pei den güten treuen
gen dem alden und dem neuen,
wo wir die und den erzurnet han.

II

Gesell, dich weck,
reck, ranslich streck
dich auf und schreck
den, der uns neur wil verhetzen,
unser dienst swachlich ergetzen
fälschlich pei den snöden smetzen,
die wir im gelihen haben,
da mit er uns wil pegaben;
paide frauen und die knaben
schaben aus den engen naben
süll wir, flüchtikleichen traben,
das wir uns schön mugen laben
mit der höchsten plumen lobesan.

III
Su, udite! Il mio canto,
dà voce alla lode
della più alta tra le corone,
che con le sue spine aguzze
e con dolore ci ha redento dall'ira
del sudicio inferno eterno,
che ci avrebbe ingoiato atrocemente,
tenendoci legati e prigionieri
nelle sue profondità con cani feroci,
e dove non avremmo conosciuto che patimenti.
Tutto questo ci è stato risparmiato
grazie ad un solo uomo, torturato
e inchiodato all'albero della croce.

IV
Mi udite malvolentieri,
ma vi ammonisco in sincerità.
Solo con un sì e con un no
vi annuncio la novella,
fedelmente e senza alcuna cattiva intenzione.
La nostre parole, gli atti e i contegni
addolorano me, Wolkenstein,
perché di giorno in giorno va crescendo
quanto non reca che vergogna al mondo.
Non si fa che apprezzare, quanto apporta ignominia,
l'ipocrisia non porta che cattivi consigli,
la cattiveria permane immutabile cattiveria.
Temete dunque l'ira di Nostro Signore.

V
Udite il grido,
echeggia ovunque
tra i monti, nelle valli.
Sgorga dal mio cuore:
servite Chi è uno e trino,
affinché questo ci liberi
dal pericolo di tornare a peccare,
e affinché possiamo godere
della grazia che da Lui si schiude
e non ci voglia sommergere
come meriteremmo, l'onda del fuoco eterno.[18]

---

[18] Oswald utilizza la metafora della frana di terra.

III
Los, hor! mein don
schon dient den lon
von ainer kron,
die uns mit scharfen doren
swärlich erlost von dem zoren
der ewigen helle horen,
die uns fraislich het verslunden,
ser gevangen und gepunden,
mit den zorniklichen hunden
funden trauren het wir unden.
das hat alles uberwunden
ainer, der da ward geschunden
und genagelt auf des ereutzes pan.

IV
Ir horcht mich sain,
rain ich eu main.
neur ja und nain
beschaid ich uns der mere
getreulichen an gevere.
unsre wort, werck und gepäre
mich Wolckenstainer verseret,
dorumb das sich teglich meret
alles, das die werlt enteret.
geret wert neur, was uneret,
falscher rat die untreu leret,
pös in pös sich nicht verkeret.
dorumb fürchtet gotes zorn ergan.

V
Vernempt mein schal,
hal überal,
auf perg, in tal,
durch meines herzen schreien.
dient dem ainen und den dreien,
da mit das er uns welle freien
von des widervalles schiessen,
Also das wir doch geniessen
hoher gnaden, die entspriessen,
und das uns nicht well vergriessen
nach verdienen haisser lene ran pran.

Kl 18 *Accadde allora, quando avevo dieci anni*

I
Accadde allora, quando avevo 10 anni,
che volessi iniziare a vedere come era fatto il mondo.
In povertà, e non senza conoscere il bisogno, la canicola e il gelo,
vissi tra i cristiani, i greci e gli infedeli.
Tre monete nel borsellino ed un tozzo di pane,
questo è quanto mi è stato dato da casa, quando partii in miseria.
A causa di falsi amici ne ho perso da allora di sangue,[19]
pensando spesso di dover morire.
Camminai a piedi, questa fu una penitenza, fino a quando
mio padre morì; per quattordici anni non ero mai riuscito ad avere un cavallo,
se non ricorrendo ad un furto, ne rubai uno, un baio,
ma lo persi in ugual modo, non senza danno.
Garzone e cuoco, sono stato, e ragazzo di stalla,
e dovetti persino servire ai remi, questo era ben duro,
fino a Creta e in altri luoghi, e poi di ritorno.
Dei rozzi grembiuli sono stati a volte il mio abito migliore.

II
In Prussia, in Lituania, nelle terre dei tartari e dei turchi, oltremare,
in Lombardia, in Francia e in Spagna, con l'esercito di due re,
mi spinse l'amore a mie proprie spese,
quando Ruprecht e Sigmund, portavano entrambi l'aquila sull'insegna.
Francese, moresco, catalano, castigliano,
tedesco, latino, slavo, lombardo, russo e romancio:
le dieci lingue che conosco le ho utilizzate, quando serviva.
Sapevo anche suonare il violino, il tamburo, la tromba e lo zufolo.
Ho navigato per le isole e le baie di molti paesi,
anche su grandi navi, dove ero protetto dalle tempeste,
ma l'andare su e giù delle onde era spaventoso.
Il mar Nero mi insegnò ad afferrarmi ad una botte,[20]
quando è miseramente naufragato il mio legno.
Ero un commerciante allora, mi salvai e giunsi a destinazione,
io e un russo, tra le onde avevo perso tutto il mio guadagno,
risucchiato dai flutti, ma io nuotai verso la costa.

III
Una regina di Aragona, bella e tenera,
fu colei ai cui piedi mi inginocchiai, e, devoto, porsi la barba.
Con le sue piccole mani candide vi legò un piccolo anello
e disse amorevolmente "Non toglierlo mai più".[21]

---

[19] Letteralmente: 'macchie rosse'.
[20] Cfr. Kl 23, nella quale Oswald racconta del suo naufragio.

Kl 18 *Es fügt sich*

I

Es fügt sich, do ich was von zehen jaren alt,
ich wolt besehen, wie die werlt wer gestalt.
mit ellend, armüt mangen winkel, haiss und kalt,
hab ich gebawt bei cristen, Kriechen, haiden.
Drei pfenning in dem peutel und ain stücklin brot,
das was von haim mein zerung, do ich loff in not.
von fremden freunden so hab ich manchen tropfen rot
gelassen seider, das ich wand verschaiden.
Ich loff ze füss mit swerer büss, bis das mir starb
mein vatter, zwar wol vierzen jar nie ross erwarb,
wann aines roupt, stal ich halbs zu mal mit valber varb,
und des geleich schied ich da von mit laide.
Zwar renner, koch so was ich doch und marstaller,
auch an dem rüder zoch ich zu mir, das was swer,
in Kandia und anderswo, ouch widerhar,
vil mancher kittel was mein bestes klaide.

II

Gen Preussen, Littwan, Tartarei, Türkei, uber mer,
gen Frankreich, Lampart, Ispanien, mit zwaien kunges her
traib mich die minn auf meines aigen geldes wer:
Ruprecht, Sigmund, baid mit des adlers streiffen.
franzoisch, mörisch, katlonisch und kastillan,
teutsch, latein, windisch, lampertisch, reuschisch und roman,
die zehen sprach hab ich gebraucht, wenn mir zerran;
auch kund ich fidlen, trummen, paugken, pfeiffen.
Ich hab umbfarn insel und arn, manig land,
auff scheffen gros, der ich genos von sturmes band,
des hoch und nider meres gelider vast berant;
die swarzen see lert mich ain vas begreiffen,
Do mir zerbrach mit ungemach mein wargatein,
ain koufman was ich, doch genas ich und kom hin,
ich und ain Reuss; in dem gestreuss houbgüt, gewin,
das sücht den grund und swam ich zu dem reiffen.

III

Ain künigin von Arragon, was schon und zart,
da für ich kniet, zu willen raicht ich ir den bart,
mit hendlein weiss bant si darein ain ringlin zart
lieplich und sprach: „non maiplus dis ligaides.“

---

[21] In lingua originale nel testo: '*non maiplus disligaides*'.

Con le sue stesse mani mi bucò i lobi delle orecchie
con una lama appuntita di metallo,
secondo la loro usanza vi infilò due orecchini d'oro,
li portai a lungo, sono chiamati raicades.
Raggiunsi ben presto re Sigismondo, là dove si trovava,
spalancò la bocca e si fece il segno della croce al vedermi, ma poi mi chiamò
rapidamente: "Fammi dunque vedere questa stramberia".
Mi chiese gentilmente: "Non ti fanno male gli orecchini?",
uomini e donne mi guardavano e non smettevano di ridere.
Nove persone di rango reale erano là a Perpignan, il loro papa chiamato Pedro de Luna,
l'imperatore di Roma il decimo e inoltre la donna di Prades.

IV
Volevo imporre un cambiamento alla mia sciocca vita, è vero,
e divenni un mezzo begardo due anni interi;
la devozione fu facile all'inizio,
se poi l'amore non mi avesse rovinato il finale dell'esperienza.
Per un periodo cavalcai e cercai diversivi cavallereschi,
e servii il volere di una dama, che non voglio qui nominare.
Non volle concedermi mai nemmeno un briciolo dei suoi favori,[22]
fino a quando un saio non mi fece passare per matto.
Molte cose mi caddero allora in grembo,
nel tempo in cui vestivo il mantello con le punte,
né prima né dopo mi fu tanto facile avere a che fare con le fanciulle,
quando mi rivolgevo a loro amichevolmente.
La devozione finì difilato attraverso il camino,[23]
dove gettai il saio, lontano da me nella nebbia.
Da allora ho patito molte sofferenze e combattuto battaglie,
il mio buon umore si è molto smorzato.

V
Sarebbe troppo lungo se volessi raccontare tutti i miei patimenti,
sono ancora sopraffatto da una nobile boccuccia rossa,
dalla quale il mio cuore è stato mortalmente ferito:
a causa sua conobbi i sudori freddi.
Il mio volto spesso diveniva prima rosso e poi pallido,
quando potevo rivolgermi alla tenera fanciulla,
per il tremito, e per i singhiozzi, spesso non avvertivo nemmeno più
il mio stesso corpo, come se mi fossi spento.
Con grande sgomento, spesso, cavalcai lontano da lei,
per duecento miglia, senza nutrire mai la minima speranza.

---

[22] Letteralmente: 'un guscio di noce'.
[23] Letteralmente *gibel*: 'volta', probabilmente l'apertura subito sotto il tetto, che serviva alla circolazione dell'aria.

Von iren handen ward ich in die oren mein
gestochen durch mit ainem messin nädelein,
nach ir gewonheit sloss si mir zwen ring dorein,
die trüg ich lang, und nennt man si raicades.
Ich sücht ze stund künig Sigmund, wo ich in vand,
den mund er spreutzt und macht ain kreutz, do er mich kant,
der rüfft mir schier: „du zaigest mir hie disen tant,"
freuntlich mich fragt: „tün dir die ring nicht laides?"
Weib und ouch man mich schauten an mit lachen so;
neun personier kungklicher zier, die waren da
ze Pärpian, ir babst von Lun, genant Petro,
der Römisch künig der zehent und die von Praides.

IV
Mein tummes leben wolt ich verkeren, das ist war,
und ward ain halber beghart wol zwai ganze jar;
mit andacht was der anfangk sicherlichen zwar,
hett mir die minn das ende nicht erstöret.
Die weil ich rait und füchet ritterliche spil
und dient zu willen ainer frauen, des ich hil,
die wolt mein nie genaden ainer nussen vil,
bis das ain kutten meinen leib bedoret.
Vil manig ding mir do gar ring zu handen ging,
do mich die kappen mit dem lappen umbefing.
zwar vor und leit mir nie kain meit so wol verhing,
die mein wort freuntlich gen ir gehöret.
Mit kurzer schnür die andacht für zum gibel aus,
do ich die kutt von mir do schutt in nebel rauss,
seid hat mein leib mit leid vortreib vil mangen strauss
gelitten, und ist halb mein freud erfröret.

V
Es wer zu lang, solt ich erzellen all mein not,
ja zwinget mich erst ain ausserweltes mündlin rot,
da von mein herz ist wunt bis in den bittern tod;
vor ir mein leib hat mangen swaiss berunnen.
Dick rot und blaich hat sich verkert mein angesicht,
wann ich der zarten dieren hab gewunnen phlicht,
vor zittern, seufzen hab ich offt emphunden nicht
des leibes mein, als ob ich wer verbrunnen.
Mit grossem schrick so bin ich dick zwaihundert meil
von ir gerösst und nie getrösst zu kainer weil;

Gelo, pioggia, neve non mi facevano patire con il loro freddo improvviso,
perché bruciavo, acceso dal mio amato sole.
Quando le sono vicino, non sono più libero, senza via di mezzo, senza misura.
Per la mia signora devo percorrere terre straniere
laggiù, dove ogni aiuto è lontano, fino a quando l'inimicizia sarà vinta dalla grazia,
con il suo aiuto, la mia sofferenza si trasformerebbe in gioia.

VI

Quattrocento donne e più, prive di uomini
incontrai a Ios, abitavano tutte sulla piccola isola;
non vidi mai immagine più bella, nemmeno appesa in qualche sala,
tuttavia nessuna di loro reggeva il confronto con questa donna,
per causa della quale porto sulla schiena un grave fardello.
Oh Dio, se solo conoscesse metà del peso della mia pena,
mi sarebbe più facile sopportare tutta la sofferenza
e potrei sperare nel suo perdono,
quando, spesso lontano, non faccio che torcermi le mani.
Grande patimento provai per la mancanza del suo saluto.
Non trovavo riposo né di giorno, né di notte.
Alzai così il mio lamento alle sue tenere e candide braccia.
Giovani e fanciulle, che conoscete l'amore, riflettete sulle mie pene,
e pensate a come mi sentii, quando la dolce mi offrì le sue grazie.[24]
Sul mio onore, non sapevo se l'avrei mai più rivista,
a questo pensiero il mio occhio si irrora di calde lacrime.

VII

Ho vissuto quasi quaranta anni, due ne mancano ancora,
scatenandomi, arrabbiandomi, poetando e componendo canti diversi.
Sembrerebbe ora giunto il tempo di sentire il pianto del mio proprio bimbo
provenire da una culla accogliente.
Sarà però sempre sveglio in me il ricordo,
di colei che mi ha dato coraggio in questa vita terrena.
In tutta la terra non ho trovato chi le sia simile,
ma temo anche molto lo strillare delle consorti.
Molte valenti persone mi convocarono per avere consiglio o giudizio,
ero loro piaciuto per le mie spensierate canzoni.
Io, Wolkenstein, vivo senza dubbio con scarso senno,
poiché da troppo tempo vado come va il mondo.[25]
Vedo però pure, che non so quando dovrò morire,
e che non avrò niente più di quanto con le mie opere ho meritato.
Se avessi servito Dio secondo i suoi comandamenti,
non dovrei temere di bruciare nelle fiamme dell'inferno.

---

[24] Letteralmente: 'la sua benedizione'.
[25] Letteralmente: 'intono la canzone del mondo' e quindi, "mi dedico solo alle cose mondane".

kelt, regen, snee tet nie so we mit frostes eil,
ich brunne, wenn mich hitzt die liebe sunne.
Won ich ir bei, so ist unfrei mein mitt und mass.
von ainer frauen so müss ich pawen ellend strass
in wilden rat, bis das genadt lat iren hass,
und hulf mir die, mein trauren käm zu wunne.

VI

Vierhundert weib und mer an aller manne zal
vand ich ze Nio, die wonten in der insell smal;
kain schöner pild besach nie mensch in ainem sal,
noch mocht ir kaine disem weib geharmen.
Von der ich trag auff mein rugk ain swere hurd,
ach got, wesst si doch halbe meines laides burd,
mir wer vil dester ringer offt, wie we mir wurd,
und het geding, wie es ir müsst erbarmen.
Wenn ich in ellend dick mein hend offt winden müss,
mit grossem leiden tün ich meiden iren grüss,
spat und ouch frü mit kainer rü so slaff ich süss,
das klag ich iren zarten weissen armen.
Ir knaben, maid, bedenckt das laid, die minne phlegen,
wie wol mir wart, do mir die zart bot iren segen.
zwar auff mein er, wesst ich nicht mer ir wider gegen,
des müsst mein oug in zähern dick erbarmen.

VII

Ich han gelebt wol vierzig jar leicht minner zwai
mit toben, wüten, tichten, singen mangerlai;
es wer wol zeit, das ich meins aigen kindes geschrai
elichen hort in ainer wiegen gellen.
So kan ich der vergessen nimmer ewiklich,
die mir hat geben mut uff disem ertereich;
in aller werlt kund ich nicht finden iren gleich,
auch fürcht ich ser elicher weibe bellen.
In urtail, rat vil weiser hat geschätzet mich,
dem ich gevallen han mit schallen liederlich.
ich, Wolkenstein, leb sicher klain vernünftiklich,
das ich der werlt also lang beginn zu hellen,
Und wol bekenn, ich wais nicht, wenn ich sterben sol,
das mir nicht scheiner volgt wann meiner werche zol.
het ich dann got zu seim gebott gedienet wol,
so forcht ich klain dort haisser flamme wellen.

Fol. 75 verso: L'11 maggio 1417 entrò a Costanza Ludovico III Conte Palatino del Reno, duca di Baviera e Principe Elettore del Palatinato – Oswald von Wolkenstein appartiene al suo più stretto seguito ed è raffigurato nel gruppo a cavallo come portabandiera. Il duca, il principe del Regno più alto in rango al mondo dopo re Sigismondo, dimostrò ad Oswald per diversi anni la sua amicizia e la sua benevolenza, e Oswald nel 1426 gli inviò in forma scritta consigli per il suo viaggio in Palestina.

Costanza, Rosgartenmuseum

Religiose e morali

Kl 116 *È scomparso il dolore dal mio cuore*

I
È scomparso il dolore dal mio cuore,
da quando la neve si è sciolta e scende
dalle Alpi di Siusi e dal Flack,
come ho sentito dire dai Mosmaier.[26]
Si sono risvegliati i vapori della terra,
i torrenti si gonfiano
da Castelrotto all'Isarco,
e questo mi incanta.
Sento gli uccelli, grandi e piccoli
nella mia foresta intorno a Hauenstein,[27]
la musica sgorga loro dalla gola,
in note acute ed echeggianti,
dal do su in alto fino al la,
e poi di nuovo in basso fino al fa,
con dolci e chiare melodie.
Rallegratevene, compagni!
Cosa può interessare un simile discorso a chi non fa che rumore?[28]
Non ho intenzione di far tacere il mio canto,
chi non ne trae godimento, mi lasci in pace.
La cosa non mi riguarda.
Se i maldicenti non mi possono soffrire,
mi posso ancora consolare con i miei devoti,
anche se in questo nuovo anno
si apprezzano le monete false.

---

[26] Si tratta probabilmente del brissinese Hainz Mos Mair, cfr. Wachinger p. 380.
[27] Il castello di Hauenstein, nei pressi di Castelrotto, era proprietà di Oswald.
[28] Letteralmente: 'i gorgoglianti', chi pesta acqua con i piedi.

Religiöse und moralische Lieder

Kl 116 *Zergangen ist meins herzen we*

I
Zergangen ist meins herzen we,
seid das nu fliessen wil der snee
ab Seuser alben und aus Flack,
hort ich den Mosmair sagen.
Erwachet sind der erden tünst,
des meren sich die wasser rünst
von Castellrut in den Isack,
das wil mir wol behagen.
Ich hör die voglin gros und klain
in meinem wald umb Hauenstain
die musick brechen in der kel,
durch scharpfe nötlin schellen,
Auf von dem ut hoch in das la,
und hrab zu tal schon auf das fa
durch manig süsse stimm so hel;
des freut eu, güt gesellen!
Was get die red den Plätscher an?   Repeticio
mein singen mag ich nicht gelän,
wem das missvall, der lass mich gän
und sei mir heur als verd!
Ob mir die vaigen sein gevar,
noch tröst ich mich der frummen zwar,
wie wol das heuer an dem jar
valsch böse munz hat werd.

II

È scomparso il dolore dal mio cuore,
quando ho sentito i primi usignoli
cantare melodiosamente dietro l'aratro,
laggiù nella Matze.[29]
Per quattro volte ho potuto vedere come due a due
incedevano, ben in fila,
e secondo il costume di Mutz
raschiavano per bene la terra.[30]
Chi si era rannicchiato durante l'inverno,
sottraendosi alle brutture del mondo,
si rallegri ora per il verde della stagione,
che maggio ci vorrà portare.
E voi, poveri animali, uscite dalle vostre tane,
andate, cercate cibo e godete la vita!
Monti prati e valli sono ampi e rigogliosi,
possiate trovare un luogo in cui stare bene!

III

Risvegliatevi, o miei probi, e state allegri!
Chi coltiva l'onore, ci augura salute e fortuna.
Ciò che è vergognoso, non diventa positivo,
per quanto ci si ricami sopra,
e nessuno può dissimulare una mancanza,
per quanto possa essere abile.
Si è pur detto molto spesso:
fare del bene è un grosso merito,
perché prima o poi tutto appare nella giusta luce,
ma qualcuno non ci bada abbastanza.
Il signor Christian, nella parrocchia superiore,[31]
non è certamente uno sciocco,
chi vuole trarlo in inganno in una volta sola,
deve essere ben sveglio già all'alba.
Attende un po', ma mai troppo,
per cresimarlo per bene,
facendogli passare la voglia di ordire intrighi,
e anche quella di ridere.

---

[29] Termine attestato per 'fattoria', cfr. Wachinger p. 381.
[30] Non è chiaro se l'immagine si riferisca ad un lavoro sui campi o ad un passo di danza contadina.
[31] Oswald intende il Cristo nell'alto dei cieli.

II
Verswunden was meins herzen qual,
do ich die ersten nachtigal
hort lieplich singen nach dem pflüg
dort enhalb in der Matzen.
Da sach ich vierstund zwai und zwai
gewetten schon nach ainem rai,
die kunden nach des Mutzen füg
wol durch die erden kratzen.
Wer sich den winder hat gesmuckt
und von der bösen welt verdruckt,
der freu sich gen der grünen zeit,
die uns der mai wil pringen.
Ir armen tier, nu raumt eur hol,
get, fücht eur waid, gehabt eu wol!
perg, aw und tal ist rauch und weit,
des mag eu wolgelingen.
Repeticio ut supra

III
Wol auf, ir frummen, und seit gail!
wer eren pfligt, der wünscht uns hail.
kam schand niemand glosieren mag,
wie scharpf man si betrachtet.
Es ist ain alt gesprochen wort,
recht tün, das sei ain grosser hort,
wann es kompt alles an den tag;
oft ainer des nicht achtet.
Her Christan in der obern pfarr,
zwar der ist sicher nicht ain narr,
wer in wil teuschen auf dem stück,
der müss gar frü erwachen.
Er beit ain weil und doch nicht lang,
darnach so fiermt er aim ain wang,
das im vergen sein valsche tück,
des er nicht mag gelachen.
Repeticio Was get etc.

Kl 14 *Benedicite: benedetto sia il frutto*

Benedetto sia il frutto,
bevanda e cibo, vino e pane,
di Dio, partorito in verità
dalla Vergine Virtù,
e che Uno e Trino per noi ha sofferto la morte.
Colui che sarà per sempre,
Colui che non ha avuto principio,
ci doni il Suo corpo come cibo celeste,
e senza indugio,
se in questa vita ci coglie la malattia.
Aiutaci dunque, nostra Signora Incoronata,
abbi pietà di noi (kyrie eleison)
Padre, Spirito Santo,
con tuo Figlio,
concedici la grazia
e non permettere a chi ci vuole male
di condurci sulla via dell'errore.
Amen, Benedicete.

Kl 14 *Gesegnet sei die frucht*

Benedicite

Gesegnet sei die frucht,
tranck, essen, wein und brot
von got, den mäglich zucht
gepar für war,
selbdritt ain durch uns laid den tod;
Der immer lebt an end,
ie was an anefangk,
sein leiplich speis ... hie send
uns schier, wenn wir
in disem leben werden krank.
des hilf, frau, kron!
kyrieleison,
Vatter, heiliger gaist,
mit deinem sun
uns gnad vollaist
und nicht den feinden gunn,
das si uns verlaiten in we.
Amen, benedicite!

Kl 35 *In Siria con grande eco*

In Siria[32] con grande eco
si diffonde un limpido suono.
Tutti gli uomini pii si rallegrano,
negli inferi e sulla terra,
per la buona novella: senza dolore è nato
un fanciullo da una vergine.
Il miracolo è inviso solo al demonio,
che per la rabbia
ha provocato una crepa profonda nel muro,
come si racconta che accadde.
A Betlemme, nella grotta,
la spaccatura la vidi con i miei propri occhi.

Oh nobile Dio, Re di ogni regno,
Signore e Re di ogni signore,
di tutti coloro che vivono sulla terra,
che vi vissero e che vi vivranno,
come fu illuminata con semplicità la notte,
grazie al Tuo miracolo divino,
quando per la nostra salvezza, e con grande gioia,
una fanciulla Ti partorì senza peccato.[33]
La più bella e perfetta tra le vergini,
che potesse essere scelta,
dovette trovare rifugio in una misera capanna,
quando Ti diede alla luce.

Un bue ed un asinello
si misero amichevolmente vicini,
davanti a loro stava la mangiatoia colma di pula,
e lì dovette deporti,
colei che Ti aveva partorito, e di cui eri il Signore.
Dio, Padre, e Lei tua madre.
Tu l'hai scelta tra tutte la donne, di Lei si cantano lodi e
Tu, suo buon figliolo, Le fosti legato da un amore tale,
che io, Wolkenstein,
non so trovare parole per descrivere.
O Figlio divino della più pura delle vergini,
concedi il Tuo aiuto, quando verrà l'ora dell'ultimo addio!

---

[32] Da intendere in senso lato come Terra Santa.
[33] Letteralmente: 'castamente'.

Kl 35 *In Suria ain braiten hal*

I
In Suria ain braiten hal
hort man durch gross geschelle,
Des freu[n]t sich da die frummen all
auf erden und zu helle
Der neuen mer, wie das an swer geboren wer
ain sun von rainer maide.
Des wunders bloss gar ser verdross den tiefel gross,
das er durch zornes laide
Brach in ain mauer tieff ain klufft,
als es die alten jehen.
zu Betlaheme ob der grufft:
die spalt hab ich gesehen.

II
O reicher got, küng aller reich,
herr, fürste aller herren,
Der lebentig rot auf ertereich,
vergangen und noch werden,
Wie ward die nacht mit armer macht so wol bedacht
durch dein göttliches wunder,
Als dich an mail löblichen gail mit grossem hail
gepar keuschlich besunder
Die schönste junckfrau wolgetan,
als si ie ward erkoren,
die müsst ain ellend herberg han,
do si dich hett geboren.

III
Ain ochs dem esel, tierlich sipp,
mit freuntschafft tet begegen,
Vor den mit fesel stünd ain kripp,
dorinn müsst si dich legen,
Die dein genas, vor der du sass, ir herr du was,
got, vatter und si dein mütter,
Du si beschüff von veiner brüf, si hat den rüff,
du seist ir kind, sun güter,
Freuntlich veraint, das ich Wolkenstein
die lieb nicht kan beklaiden.
göttlich geburd durch magt mensch rain,
hilf an dem letzten schaiden!

Kl 38 *Nato in castità*

I
Nato in castità,
da una Vergine pura,
un bimbo ardito
ci liberò
dall'ira divina
con la penitenza eterna.
Tutti i nostri numerosi nemici
furono, e in colpo solo,
implacabilmente disfatti
dal bambinello,
e da lui
ridotti in polvere.[34]
Per questo scompiglio
rallegratevi, o fratelli!
Da quando una madre
ci ha preparato
cibi succulenti
per invitarci
poi ad una carola!
La bellezza di maggio
è frutto del suo potere,
ma ciò nonostante,
tutte le gioie,
radici, erbe,
foglie, arbusti,
fiori, boccioli,
non possono
stare al passo con questa danza
e devono prendere distanza
dal suo slancio.

---

[34] Letteralmente: 'trebbiati in pezzettini'.

Kl 38 *Keuschlich geboren*

I
Keuschlich geboren
Kain kind so küne
von rainer maid,
Das grossen zoren
durch ewig süne
hat erlait.
All unser veind an zal
sein zu mal
schricklich ser erloschen
von dem kindlin klaine,
sein raine
lauter vein gedroschen.
Derselben plüder
freut eu, brüder,
seid ain müder
hat die lüder
zügeschockt,
füss gelockt
uns zu dem raien,
maien
zier hat er gewalt.
Und alle freude,
übergeude,
würzlin, kreude,
loub, gesteude,
plümen, spranz,
disem tanz
mag nicht geleichen,
weichen
vor des raien schalt.

II

Una donna, una fanciulla,
vergine e Nostra Signora,
ha dato vita al bambinello:
chi può comprendere
completamente
la bellezza dell'anfora
che Lui stesso si è scelto?
Come un eroe,
con forza ne è sortito,
senza dolore, macchia o patimento,
gioioso di combattere.
Gli sia resa grazia in eterno!
Per questo grande miracolo
rallegratevi con gioia,
poiché un acciarino
ci ha dato
una simile tempesta di fuoco,
pur senza scoccare una sola scintilla.
Chi ha mai potuto sortire
un simile effetto?
Colui che può tutto!
Rallegrati dunque sempre,
nel luogo
in cui nessuna oscurità,
tristezza e lamento
ha mai avuto posto,
e non vergognarti,
oh pura creatura,
per la scelta
di Colui che era in te.

II
Ain wib, ain dieren,
ain maid und fraue
des kinds genas.
Wer kan volzieren
so genaue
des degens vas,
Das er im selb erwelt?
als ain held
frischlich er daraus sprangk
An sorg, we, sunder mail,
So gar gail,
des hab er immer danck.
Der grossen wunder
freut eu munder,
seid ain zunder
bracht besunder
feures flünt,
unerzünt,
wer hat die macht
bedacht?
der alles ding vermag.
Des freu dich immer
in dem zimmer,
da kain timmer,
trawren, wimmer
nie hin kam.
nicht enscham
dich, rain figur,
der kur
von dem, der in dir lag.

III
Chi può comprendere
le opere di questo fanciullo,
che da Lei è scaturito
con il fuoco dello spirito?[35]
Nemmeno la semplice idea dei suoi atti
è mai passata attraverso una porta,
per quanto questa, per gli infiniti doni della sua Grazia,
potesse essere ampia.
Il suo agire
è oltremodo perfetto.
Sia lodata la stella! Poiché diede vita
e nutrimento a Colui
che ci ha liberato
dalla morte eterna.
Grazie al grido
del frutto che ci desti[36]
dal più alto tra gli alberi,
coloro che per la sua stessa ira
erano stati perduti,
fino a quando la spina
punse
il seme di grano,
furono liberati dalla gramigna.
Nel tuo giardino
confidiamo
di poter conoscere la Grazia.

---

[35] Oswald riprende dunque la metafora della polvere da sparo come già nella strofa precedente.
[36] Oswald si riferisce al sacrificio del Salvatore.

III
Wer mag durchgründen
die aubenteuer
von dem jungen
Aus der erzünden
mit gaistes feuer?
nie gedrungen
Wart seiner werche spür
durch kain tür,
so weit volkomner gab,
Unzälich aus der mass.
sein tün, lass
gerecht an widerhabb.
Gerümt der steren
dein geberen
und das meren!
sterbens geren
uns ze trost
hat erlosst
mit deiner früchte
güsste
von dem höchsten bam,
Die von dem zoren
was verloren,
das ain doren
stach das koren
deiner sat,
die du jat.
aus deinem garten
warten
sei wir gnaden gam.

Kl 34 *Brilla tra l'oscurità l'azzurro cobalto*

Brilla tra l'oscurità[37] l'azzurro cobalto
in bagliori traslucidi,
socchiudi le ciglia, o pura creatura,
colma di ogni incanto,
messe degna di ogni lode, di cui nessuno mai, ne sono convinto,
ha saputo descrivere degnamente anche solo un piccolo piede.[38]
Talmente è priva di macchia e perfetta che, se volesse
concedermi anche solo un amichevole saluto,
farebbe svanire la mia tristezza,
e ne sarei affatto liberato:
grazie a Lei, di cui si cantano lodi,
prima fra tutte le più splendide fanciulle.

Il giorno brilla chiaro e luminoso,
riecheggiano tutti i prati,
gli uccelli alzano i loro canti
in grazia alla pura Signora,
in toni acuti, trillando dolcemente, rasserenando con il canto,
intrecciano le loro melodie.
Ogni bocciolo di fiore, le corone di maggio, lo splendore del sole,
le stelle che brillano alte nel firmamento,
cantano le lodi[39] della Corona, che per la nostra gioia
e senza peccato diede vita ad un figlio.
Dove si è mai sentito cantare a sufficienza le lodi
della Vergine leggiadra e pura?

Acqua, fuoco, terra, aria e vento,
il valore e la forza delle pietre preziose,
e tutte le novelle di cui si possa avere conoscenza,
non possono essere paragonati alla purezza della Vergine,
che mi redime, mi consola ogni giorno ed è la prima
nella clausura[40] del mio cuore.
Il suo tenero corpo è immacolato. Oh puro giardino,
nel nome del sacro germoglio della gioiosa Pasqua,
poniti alla porta della mia miseria,
e quando il mio capo si chinerà
verso la tua soave bocca vermiglia,
allora, o amata, volgi a me il Tuo pensiero.

---

[37] Letteralmente: 'tra il grigio'. Similmente anche Kl 101.
[38] Letteralmente *blasonieren*: 'descrivere uno stemma araldico in ogni sua componente'.
[39] Letteralmente: 'servono'.
[40] Letteralmente: 'convento'.

Kl 34 *Es leucht durch graw*

I

Es leucht durch graw die vein lasur
durchsichtiklich gesprenget;
Blick durch die braw, rain creatur,
mit aller zier gemenget.
Breislicher jan, dem niemand kan nach meim verstan
blasnieren neur ain füssel,
An tadels mail ist si so gail, wurd mir zu tail
von ir ain freuntlich grüssel,
So wer mein swer mit ringer wag
volkomenlich gescheiden,
von der man er, lob singen mag
ob allen schönen maiden.

II

Der tag leucht gogeleichen hel,
des klingen alle ouen,
Dorinn mang vogel reich sein kel
zu dienst der rainen frauen
Schärpflichen bricht, süslichen ticht, trostlichen flicht
von strangen heller stimme.
All plümlin spranz, des maien kranz, der sunne glanz,
des firmaments höh klimme
Dient schon der kron, die uns gebar
ain sun keuschlich zu freuden.
wo ward kain zart junckfrau so klar
ie pillicher zu geuden?

III

Das wasser, feuer, erd, lufft, wind,
schatz, krafft der edlen gestaine,
All aubenteuer, die man vindt,
gleicht nicht der maget raine,
Die mich erlöst, teglichen tröst; si ist die höchst
in meines herzen kloster.
Ir leib so zart ist unverschart. Ach rainer gart,
durch wurz frölicher oster
ste für die tür grauslicher not,
wenn sich mein houpt wirt sencken
gen deinem veinen mündlin rot,
so tü mich, lieb, bedencken!

Kl 31 *Colui che si libra in alto e solleva le tenebre*

I
Colui che si libra in alto e solleva le tenebre,
che sostiene il mondo da tutti i lati,
che era all'inizio e ora e sempre,
che dall'eternità è sia vecchio sia giovane,
ed è Trinità contenuta in una sola parola,
in un intreccio imperscrutabile,
che ha conosciuto l'amara morte senza morirne,
che è stato concepito senza peccato,[41]
e partorito senza dolore, bianco e rosso grazie alla più pura tra le vergini,
che ha compiuto molti miracoli,
che è sceso all'inferno e vi ha esasperato il demonio,
che grazie alla linfa vitale fa spuntare da ogni radice steli e fiori.

II
A Lui siano aperti i cuori,[42]
siano questi malvagi, riprovevoli, deboli, degni o nobili,
affinché veda ogni loro pensiero,
Colui che era ed è padrone su ogni cosa:
le stelle del cielo, il sole, la luna,
la terra, gli umani, gli animali e ogni corso d'acqua,
dal quale sgorga ogni arte e ogni saggezza.[43]
Colui che conferisce ad ogni creatura secondo il Suo volere
la bellezza, e la fa apparire meravigliosa,
al Quale ogni animale, domestico o selvaggio,
da sempre è grato, per aver loro concesso i semi
del buon cibo, che ha sparsi con generosità.

---

[41] Letteralmente: 'castamente'.

[42] Letteralmente: 'le camere del cuore', con riferimento ai luoghi più privati.

[43] Si tratta, con ogni probabilità, di un riferimento alla fonte che sgorgava dal monte Parnaso, sede di Apollo e delle muse.

Kl 31 *Der oben swebt*

I

Der oben swebt und niden hebt,
der vor und hinden, neben strebt
und ewig lebt, ie was an anefange,
Der alt, der jung, und der von sprung
trilitzscht gefasst in ainlitz zung
an misshellung mit unbegriffner strange,
Der strenklich starb und was nicht tod,
der keuschlich ward emphangen und an alle not
geboren rot, weils durch ain junckfrau schöne,
Der manig wunder hat gestifft,
die hell erbrach, den tiefel dorin ser vergifft,
getült, geschifft all wurz durch stammes tröne,

II

Dem offen sein all herzen schrein,
grob, tadelhäfftig, swach, güt, vein,
das er dorin sicht allerlai gedenke,
Dem tün und lan ist undertan,
die himel steren, sunn, der man,
der erden plan, mensch, tier, all wasser rencke,
Auss dem all kunft geflossen ist,
von dem, der aller creatur durch spähen list
zu jeder frist ir zierhait würckt, schon eusset,
Dem alle tier, zam und ouch wild,
hie danckber sein, das er den samen hat gebildt
der narung milt, gar waldeleich vergreusset,

III

Al cielo e alla terra, ancora immacolati,
ha dato origine, e sulla superficie del suolo,
ha fatto scorrere l'acqua che segue percorsi misteriosi.
Quanti miracoli si potrebbero per migliaia di volte
decantare forte, e per ogni luogo,
ma non mi è sufficiente la mia arte.
Colui che mi ha dato un'anima pura,
il corpo, l'onore e i beni, la ragione e il senso cristiano,
mi dia consiglio, in modo che possa rendergli grazia,
per essere al sicuro da tutti i miei nemici,
qui sulla terra e nell'altra vita, e per non essere oggetto della loro violenza.
Oh mia casta Signora, che con il Tuo aiuto io sappia riconoscere i miei limiti!

III
Der himel, erd gar unversert
hat undersetzt an grundes herd,
das wasser kert dorin durch fremde rünste, –
Der wunder zal vil tusent mal
wer mer ze singen überal
mit reichem schal, so hindern mich die künste –,
Der mir die sel klar geben hat,
leib, er und güt, vernufft und kristenliche wat:
der geb mir rat, das ich im also dancke,
Da mit ich all mein veind verpaw
baid hie und dort, das mich ir kainer nicht verhau.
o keuschlich frau, dein hilf mir dorzu schrancke!

ILLUSTRAZIONE 6:
Codex Guelfernbytanus 11 Augusteus 4
Manoscritto petrarchesco di Wolfenbüttel
Raccolta di manoscritti su 222 fogli di carta
Fol. 202 verso: ritratto a figura intera di Oswald von Wolkenstein, autunno 1421 – primavera
1422, disegno a penna con inchiostro brunito

Questa raccolta di 19 lettere politiche di tono polemico scritte da Francesco Petrarca ed
indirizzate a destinatari ignoti risale al periodo tra il 1342 ed il 1359, ha le sue origini nell'area
di Bressanone ed è stata divulgata con il titolo *«Liber sine nomine / titulo»*. La presente versione
era costituita da due parti distinte (1421 e 1462) rilegate insieme nel 1462/63. Nascosta per metà
dal testo, si scorge a destra la figura di Wolkenstein con sullo scudo l'incisione OSWALD' D /
WO ed alla sua sinistra lo stemma della propria casata. Ed è questa la più antica immagine di
Wolkenstein recepita a modello della sua raffigurazione sulla lapide commemorativa del 1408,
anche se qui non appare abbigliato da *miles christianus,* ma a dispetto del suo rango sociale,
indossa panni semplici e non porta armi.

Wolfenbüttel, Herzog August Bibliothek

Dell'amore nobile e dell'amore umile...

Kl 57 *Una giovine, con la saggezza dei diciott'anni*

I
Una giovine, con la saggezza dei diciott'anni,
mi ha privato di ogni gioia,
non posso distogliere da lei il mio pensiero:
da quando ho visto con il mio stesso occhio il suo bel sembiante,
non ho pace, né giorno né notte.
Risveglia il mio desiderio da mattina a sera la sua boccuccia,
che si apre e si chiude armoniosamente
mormorando parole soavi.

II
Per quanto le sia lontano, mi è subito appresso,
per ogni dove, il suo bel viso.
Il suo sguardo amorevole avvolge
il mio cuore, che vi riconosce il vero amore.[44]
Oh Dio, se solo conoscesse i miei sentimenti,
quando io, malato di desiderio,
resto impietrito di fronte a lei e con alcun gesto
oso esprimermi come vorrei.

III
Non si è mai vista prima d'ora donna di maggiore femminilità,
così colma di grazie e senza alcun difetto,
il suo bel portamento mi causa patimento,
anche al solo pensiero delle sue fattezze:
da capo a piedi,
dove sono corte, dove lunghe, dove fini e dove capaci, mai troppo o troppo poco,
chi potrebbe portarle risentimento?
Oh, volesse ella volgere su di me il suo pensiero!

---

[44] È attraverso gli occhi che avviene il riconoscimento dell'amata. Si ricordi, in proposito, l'incontro tra Dante e Beatrice nel giardino dell'Eden (Purgatorio, canto XXX, 28-42), Dante non riconosce l'amata, ma la sua vista provoca in lui l'antico turbamento ed è grazie a questo che comprende chi essa sia.

Von der hohen und von der niederen Liebe

Kl 57 *Ain mensch von achzehen jaren klüg*

I
Ain mensch von achzehen jaren klüg,
Adas hat mir all mein freud geswaigt,
dem kund ich nie entwinnen gnüg,
seid mir ain oug sein wandel zaigt.
An underlass hab ich kain rü,
mich zwingt ir mündlin spat und frü,
das sich als lieplich auff und zu
mit worten süss kan lencken.

II
Wie ferr ich bin, mir nahet schir
ir rains gesicht durch alle land,
ir zärtlich blick umbfahent mir
mein herz in rechter lieb bekannt.
Ach got, und wesst si mein gedanckh,
wenn ich vor ir senlichen kranck
hert stän und tar in kainem wanck
desgeleichen rencken.

III
Weiplicher weib mensch nie gesach,
so liederlich an tadels punt.
ir schön gepärd tüt mir ungemach,
von höch der schaittel über ab den grund.
wenn ich bedenck so gar die mass,
kürz, leng, smal, brait, zwar tün und lass.
wer möcht der lieben sein gehass?
O, wolt si mich bedencken!

Kl 53 *Allegra, fresca, amorevole e serena*

I

Allegra, fresca, amorevole e serena,
in dolce, soave e deliziosa lentezza,
risvegliati dunque, tenera e splendida donna,
tendi, distendi e rivesti il tuo morbido corpo opulento,
apri i tuoi lucenti occhi chiari!
Guarda con dolcezza,
come alla luce delle stelle
sia succeduta quella bella, brillante e radiosa del sole,
preparati alle danze!
Intrecciamo una gradevole corona
con l'ocra, il marrone, il blu e il grigio,
e poi gialli, rossi e bianchi
boccioli di fiori.

II

Con sussurri, mormorii e dolci bisbigli,
su pure e piacevoli questioni,
la tua tenera bocca vermiglia
ha infiammato il mio cuore deliziosamente,
e in verità mille volte mi risveglia,
dolcemente spaventato,
dai sogni e dal sonno, il desiderio di ammirare
la fessura vermiglia di fattezze perfette
piegata in un sorriso,
a far intravedere i piccoli denti bianchi,
tra sorridenti labbra rosee,
splendidamente candidi,
come se fossero dipinti.

Kl 53 *Frölich, zärtlich*

I Tenor
Frölich, zärtlich, lieplich und klärlich, lustlich, stille, leise,
in senfter, süsser, keuscher, sainer weise
wach, du minnikliches, schönes weib,
reck, streck, breis dein zarten, stolzen leib!
Sleuss auf dein vil liechte öglin klar!   secunda pars
taugenlich nim war,
wie sich verschart der sterne gart
inn der schönen, haittren, klaren sunne glanz.
wol auff zu dem tanz!
machen ainen schönen kranz
von schawnen, prawnen, plawen, grawen,
gel, rot, weiss,
viol plümlin spranz.

II
Lünzlot, münzlot, klünzlot und zisplot, wisplot freuntlich sprachen
aufs waidelichen, güten, rainen sachen
sol dein pöschelochter, rotter mund,
der ser mein herz lieplich hat erzunt
Und mich fürwar tausent mal erweckt,
freuntlichen erschreckt
auss slauffes träm, so ich ergäm
ain so wolgezierte, rotte, enge spalt,
lächerlich gestalt,
zendlin weiss dorin gezalt,
trielisch, mielisch, vöslocht, röslocht,
hel zu vleiss
waidelich gemalt.

III
Se volesse, se dovesse, se potesse e se venisse, libererebbe il mio cuore
dal patimento forte e profondo causatomi dal desiderio.
Stretto ad uno dei suoi bianchi, piccoli seni,
vedi, tutto il mio dolore svanirebbe in un momento.
Come può una fresca e graziosa fanciulla
guarire radiosamente
il mio cuore colmo di sofferenza,
se non con un piacere tenero e dolce?
La bocca bacia la boccuccia,
lingua a linguetta, il petto contro il piccolo seno,
pancia a pancino, pelo a tenera peluria,
fresco e fervido,
e dell'impeto[45] amoroso mai stanco.

---

[45] Oswald usa il termine 'spinta', 'colpo'.

III
Wolt si, solt si, tät si und käm si, näm si meinem herzen
den senikleichen, grossen, herten smerzen,
und ain brüstlin weiss darauff gedruckt,
secht, slecht so wer mein trauren gar verruckt.
Wie möcht ain zart seuberliche diern
lustlicher geziern
das herze mein an argen pein
mit so wunniklichem, zarten, rainen lust?
mund mündlin gekusst,
zung an zünglin, brüstlin an brust,
bauch an beuchlin, rauch an reuchlin,
snel zu fleiss
allzeit frisch getusst.

ILLUSTRAZIONE 7:
L'arpa di Wartburg
Tirolo, 1420 ca.
Acero montano, mosaico alla certosina (legno e avorio),
ferro, corde di minugia

L'arpa proviene con tutta probabilità dal lascito di
Oswald von Wolkenstein e venne acquisita nel 1860
per essere compresa nella collezione d'arte del castello
Wartburg nei pressi di Eisenach in Turingia. Le singole
parti dello strumento di fattura tirolese sono unite tra
loro con fasci di caviglie, un fondo inserito chiude il
corpo scavato. I resti di maiuscole gotiche presenti sul
modiglione indicano l'estensione del registro da G a d^3
(da sol maggiore a re minore³), piroli in legno di acero
e cavicchi di ferro con terminali a forma di petali
trattengono le 26 corde. Il lato anteriore del fusto è
ornato di una scanalatura arcuata munita di una piastra
in cornice verde con l'iscrizione della parola "wann"
a caratteri gotici rosso-brunastri. L'altezza del corpo
misura 33 pollici (91,6 cm) e coincide con quella di
altre arpe gotiche a testimonianza di una tradizione
costruttiva comune ai pochi esemplari di quell'epoca
rimasti conservati.

Eisenach, fondazione Wartburg Eisenach

81

Kl 64 *Con grazia si è impadronita del mio cuore*

I
Con grazia si è impadronita del mio cuore,
sono ora prigioniero fedele dell'amore che provo per lei,
chiuso nella stretta[46] delle sue tenere braccia.
Oh mio più grande tesoro, io ti appartengo,
e ti offro perciò la mia promessa.[47]

II
"Quale gioia ti riprometti di ottenere
da me? Se non oltrepasserai la misura sono pronta.
Amato, sii prudente, affinché non ci sorprendano i traditori.
Siano maledetti i vigliacchi,
e per sempre privati di ogni letizia!"

III
"In piena fedeltà, donna, non devi dimenticare,
che il mio desiderio di servirti è vivo ogni giorno.
La gioia che attendo dallo sguardo dei tuoi occhi chiari,
e la tua bocca vermiglia, dolcemente chinata verso di me,
mi liberano nel profondo dal mio tormento."

---

[46] Letteralmente: 'lacci', 'vincoli'.
[47] Letteralmente: 'te lo garantisco per iscritto, con atto giuridico'.

Kl 64 *Gar wunniklich*

I

Gar wunniklich hat si mein herz besessen,
in lieb ich ir gevangen bin mit stetikait,
verslossen gar in der vil zarten ermlin strick.
Mein höchstes hail, ich bin dein aigen,
zwar des gib ich dir meinen brieff.

II

„In welcher main hastu dich freud vermessen
gen mir? doch unergangen so bin ich berait.
herzlieb, nim war, das uns nicht vach der melder rick!
als ungevell behüt die faigen,
jo und geschech in nimmer lieff!"

III

In aller treu, weib, du solt nicht vergessen,
teglich ist mein belangen dir zu dienst berait.
der freuden schar ich wart von liechten öglin blick,
dein mündlin rot mit süssem naigen
schon mich beroubt der sorgen tieff. etc.

Kl 131 *La tua bontà asservisce, o mia signora*

I

"La tua bontà asservisce, o mia signora
ogni mio sentimento, oh mia unica amata,
d'onore degna.
E ugualmente devo tessere lodi della tue belle sembianze."
"Che tu possa così scherzare mi sorprende,
e mi allontana da te, buon caro amico,
le tue burle cortesi
e la tua spensieratezza si trasformano sovente in un peso."
"Mia bella signora quello che io oggi canto
è semplicemente la verità, tu sei, in parola,
colei alla quale desidero far dono del mio cuore.
Per questo disponi di me in ogni momento,
o amata fanciulla.
Nel bene e nel male sono pronto
a servirti con il mio amore,
null'altro mi porterebbe più grande onore che se prontamente,
fossi tu, sola, a disporre di ogni mio gesto."

II

"Quello in cui confidi e che attendi, non posso concederlo,
né addolcire l'affanno del tuo desiderio.
Il mio rango[48] non mi permetterà mai
di appagarti nemmeno un poco."
"Potresti condividere il mio desiderio,
e liberarmi così da tutto il mio tormento:
le tue parole, il tuo canto,
fanno sbocciare gioia nel fondo del mio cuore."
"Non dovresti cercare la mia vicinanza,
la tua speranza non troverà, lo so per certo,
alcuna risposta gioiosa in me,
che ponga fine ai tuoi patimenti.
Accada quel che accada
non posso certo in alcun modo
augurarti una felicità per ottenere la quale
dovrei farti dono di tutta la mia purezza.
Non dire nulla, questo amore è cieco."

---

[48] Letteralmente: 'educazione consapevole del rango'.

Kl 131 *Den Techst vbr' das geleyemors Wolkenstain'*

I

Mir dringet zwinget fraw dein guet
mein gemüet trawt liebsstes ain
an ern reich
gleich so mues ich lobn fraw dein guet gestalt.
Deins herczn scherezn mich ser wund't
sundrt von dir trawt geselle rain
dein höflich schimpf
glimpf mit frewdn mich behaget manigfalt.
Mein schalln fraw zw disr' frist
ainfaltig ist für war dw pist
der ich meins herczn gan
darumb gepewt an vnd' schaid
trawt liebste maid
in lieb vn laid pin ich berait
zedienne dir nit liebr' mir
brächt grossr' zier wenn dasstw schier
gepewtest mütt mir tün vn lan.

II

Dein Senen wenen ich nitt puesse
kan volsuessn dein' ger
mein weiplich zucht
frucht mag klain erfrewen dich zw kain' stund.
Mein willn stilln du wol kündest
vn enpündest all mein schwär
dein wort vn weis
leis lieblich erkuchkn möcht meins herczn grunt.
Geselschafft tw soltt abelan
dein guet' wan nach meim verstan
an mir nitt frewdn vintt.
dauon dein leidn wurd enttricht
wie mir geschicht
so kan ich nicht mit k[ainer?] pflicht
dir wünschn hail dauon an mail
mein leib s[o?] gail dir würd ze tail
schweig still dy lieb dy ist plint.

III
"Il tuo essere e tutto il tuo sembiante mi infiammano,
e mi penetrano fin nel profondo.
Pensaci e guidami, o mia signora,
in modo che possa restare per sempre nei tuoi favori."
"La mia bocca deve tacerti la risposta,
e io non voglio tormentarti oltre, adorato tesoro.
Piena e sempre nuova fedeltà
non ti verrà a mancare, accada quel che accada."
"Con gioia saprò ripagare tanto onore
Non udrai mai da me,
quanto potrebbe nuocerti.
Il mio cuore ti desidera, imperterrito,
ma al tempo stesso è il tuo corpo opulento
a tenermi in vita, o amata signora.
Vinci il mio dolore, sono tuo servo per sempre,
e in attesa della tua grazia."

III
Dein hanndl wandl mich enezündet
vn dürch gründet hi[e?] vn tort
darumb gedengk
sennck mich fraw beleibn stät in dein' huld.
Mein munde kunde dir mues heln
sund' queln trawt liebst[er?] hort
ganncz stäte trewe
newe von dir nitt weicht vmb kain' lay hänndll schuld.
Mitt frewdn ich das wider gilt
dein ernn mild von mir ni[t?] hilt
gein dir kain vngewin
dauon dein er dir wurd [v'?]sert
mein hercz begert
dich vnu'kert des gleich mich nertt
dein stolczr' leib trawt sendlich weib
mein laid vertreib dein aigenn bleib
ich immer auff dy gnade dein.

Kl 51 *Oh doloroso desiderio*

I

Oh doloroso desiderio,
rinunciare, scontrarsi, dividersi, come dà dolore!
Meglio sarebbe sprofondare in mare!
Dolce, amata donna,
tu mi allontani e mi spingi verso Josaphat.[49]
Cuore, emozioni, sensi, pensieri, sono come spenti.
Finirò per morirne,
se non vorrai venire a soccorrermi con la tua grazia,
in questa grande miseria.
Ti nascondo la mia paura,
la tua bocca vermiglia
ha spesso risvegliato all'improvviso il mio desiderio,
da lei attendo ora infine pietà.

II

Il mio cuore combatte con questo strazio,
si spezza: lenisci e placa dunque questo tormento!
Signora, attendo il tuo favore,
come il delfino,
spinto dal suo istinto tra i flutti sul fondo del mare
quando minaccia tempesta, ma rianimato poi
dallo splendore del sole,
che gli restituisce ogni vitalità.
Oh Amata, mantieniti salda
in tutta la tua femminile bontà!
Non permettere che il tuo ospite[50]
viva in disgrazia, soffra, muoia!
Impazzisco per il dolore di esserti lontano.

---

[49] Non è possibile stabilire se Oswald intenda qui la 'valle del giudizio universale', e quindi la morte, l'entrata nella 'Geenna', e quindi il luogo di tormento, o la Palestina in senso lato, quale luogo di pellegrinaggio.

[50] Oswald fa qui riferimento alla metafora dello scambio tra i cuori: l'amata ospita in sé il cuore dell'amato.

Kl 51 *Ach senliches leiden*

I

Ach senliches leiden,
meiden, neiden, schaiden, das tüt we,
besser wer versunken in dem see.
zart minnikliches weib,
dein leib mich schreibt und treibt gen Josophat.
herz, müt, sin, gedanck, ist worden mat.
es schaidt der tod,
ob mir dein gnad nicht helfen wil
auss grosser not;
mein angst ich dir verhil.
dein mündlin rot
hat mir so schier mein gier erwecket vil,
des wart ich genaden an dem zil.

II

Mein herz in iamer vicht,
erbricht. bericht und slicht den kummer jo!
frau, schidlicher freuntschafft wart ich so,
recht als der delephin,
wenn in der sin fürt hin zu wages grund
vor dem sturm, und darnach wirt enzunt
von sunnen glast,
die im erkückt all sein gemüt.
herzlieb, halt vast
durch all dein weiplich güt!
lass deinen gast
nicht sterben, serben, werben in unfrüt!
in ellenden pein ich tob und wüt.

III
La mia testa è colma solo
di lamenti, di apatia e della fatica di domare gli istinti
che mi assillano in un'ora mille volte e più.
Quando contemplo il mio patimento,
la notte, il mio potere si risveglia[51] con ben poca forza,
e la vittoria sul desiderio mi priva di ogni gioia.
Nessuno mi consola,
e la mia sofferenza è ben amara,
il mio cuore è torturato
da singhiozzi accorati.
Ohimè! Quando troverò pace
a questo tormento?
L'attendere e il pazientare corrode e trafigge,
e sono privato di ogni buon senso.

---

[51] Letteralmente: 'il mio potere'; in considerazione ai versi precedenti, Oswald lamenta l'assenza di forza virile.

III
Mein houbt, das ist beklait
mit waffen, slauffen, straffen die natur,
das mich twingt ain stund für tausent ur.
wenn ich mein laid betracht
die nacht, so wacht mein macht mit klainer krafft,
und ich freuden ganz wird sigehaft.
mich niemand tröst
und ist mein leiden sicher gross,
mein herz, das wirt geröscht
mit manchem seufften stoss.
ach we, wann wirt erlöst
mein trauren? tauren, lauren negt und pösst,
da mit ich der sinn wird gar emblösst.

Kl 120 *Rallegrati o umana creatura*

I
Rallegrati, o umana[52] creatura
del possedere simili bei sembianti,
degni del capolavoro di una grande maestro,
sfolgoranti da capo a piedi,
impeccabili per la nobiltà che vi è profusa.
L'immagine è modellata senza difetto alcuno,
colui al quale si darà in dono
non potrà che gioirne con tutto il cuore.

II
Una testolina graziosa, questo vedo
sulla quale brillano crespi e ricci i capelli,
due sopraccigli sottili, gli occhi chiari,
una boccuccia come un rubino, del color di rosa.
Il naso, il mento, il collo, la pelle candida e l'ardore delle guance,
la fronte colma di sagacia,
sviluppatasi fin dalla prima gioventù.
Sia resa grazia a colui, che senza sforzo ha potuto tanto!

III
Quando ammiro con tutti i miei sensi
questa immagine, la figura, bella e potente,
come il maestro l'ha concepita,
e poi realizzata con grande perizia,
so che nessuno sulla terra potrà eguagliarla o anche solo esserle simile,
e come lei troneggiare e spiccare, o cosa sempre per esso si intenda.
Sarà lei a vincere ogni confronto!
In serietà e in facezia sa sempre mantenere un contegno onorevole.

---

[52] Letteralmente: 'di questo mondo', 'terrestre'.

Kl 120 *Freu dich, du weltlich creatur*

I

Freu dich, du weltlich creatuer,
das dir nach maisterlicher kür
gemessen ist rain all dein figur,
verglanzt ze tal nach der mensur
an tadel, adel krefftiklich dar inn verslossen.
der possen gossen ist an mail,
dem er sich geben hat zu tail,
der mag sich des erfreuen wol von herzen.

II

Ain höbtlin klain, dez nam ich war,
dar auff krawss, plank, krumliert das har,
zwo smale pra, die euglein clar,
ain mundlein rubein, roslein var,
nass, kinn und kel, das vell blaich, weis mit wenglin prinnen;
die tinnen sinnen volgestakt,
von jungen jaren dar inn verstrakt.
dankh hab ain man, der es schon wurcht an smerzen.

III

Wann ich durch all mein sinn betracht
des bildes form, leib, schon und macht,
wie es der maister hat bedacht,
und darnach genzlich wirt volbracht,
das kain so rain ir geleich auff erd mug simulieren,
regniren, pulchrieren, wie man wil;
gewalticlich behalt si daz spil;
mit eren zwar tar si wol ernsten und scherzen

Kl 83 *Una mondatrice*

I

Una mondatrice[53], giovane, fresca, libera e vivace,
sul prato di montagna, tra le alture selvagge,
mi ha dato gioia e buon umore
là, nel tempo in cui il sottobosco
si ricopre di verde.
Come una volpe ho atteso in agguato,
in un cespuglio, in silenzio tra le foglie,
guardando tra le fronde – abbassati, fai la posta! –
che le possa vedere la bruna
giù a quattro zampe,
attento solo a non spaventarla!
La sua bocca rossa, degna di una nobile
è talmente dolce da essere zuccherina.
I piedi sono piccini, le gambe candide,
i seni piccoli e ben sodi, e con il suo aspetto contrastano deliziosamente
le parole e i modi, che sono quelli della montanara.

II

Faccio soffrire il merlo
e qualche nobile tordo
là sopra, oltre Lehnbach
con una trappola per gli uccelli[54], che è lei a governare,
quando io tiro la cordicella.
In una capanna, ben coperta
con freschi rami verdi,
viene quasi spontanea da me, colei che mi accende
e mi arreca piacere e gioia,
quasi scivolando attraverso la fessura
curvandosi con esperienza.
La sua bocca rossa, degna di una nobile
è talmente dolce da essere zuccherina.
I piedi sono piccini, le gambe candide,
i seni piccoli e ben sodi, e con il suo aspetto contrastano deliziosamente
le parole e i modi, che sono quelli della montanara.

---

[53] Letteralmente: 'colei che libera il raccolto dalle erbacce'.

[54] *Klobe*: si tratta di una gabbietta per catturare gli uccellini, alla quale è dato anche il doppio senso di organo sessuale femminile.

Kl 83 *Ain jetterin*

I

Ain jetterin, junck, frisch, frei, früt,
auf sticklem berg in wilder höch,
die geit mir freud und hohen müt
dort umb die zeit, wenn sich die löch
mit grünem loub verreuhen.
So wait ich ir recht als am fuxs
in ainem hag mit stiller lawss,
gugg auss der stauden, smeug dich, luxs! –
bis das ich ir die preun ermauss.
auf allen vieren kreuhen
an als verscheuhen!
Ir rotter mund von adels grund
ist rain versüsst gar zuckerlich;
füsslin klaine, weiss ir baine,
brüstlin herte; wort, geferte
verget sich biergisch, waidelich.

II

Der amsel tün ich ungemach
und manger droschel ausserwelt
ze öbrist auf dem Lenepach
mit ainem kloben, der si fellt,
wenn ich das schnürlin zucke
In ainer hütten, wolgedeckt
mit rauhen esten, lustlich grün;
leicht kompt zu mir, die mich erweckt
mit ganzen freuden trostlich kün,
geslossen durch die lucke
schon mit getucke.
Repeticio ut supra

III
Quando la trappola è ormai prossima a scattare,
e tutto quello che occorre è pronto,
si ode andare per i campi un dolce richiamo,
cui segue in breve tempo un grande ansimare.
La bella se la ride,
svergogna tutto quanto le ho mai
insegnato sull'uccellare e ogni mia arte,
quando con la sua gabbia con insistenza,
e desiderio richiede il merlo.
È così che si sente la capanna scricchiolare
per quello che dentro vi accade.[55]
La sua bocca rossa, degna di una nobile
è talmente dolce da essere zuccherina.
I piedi sono piccini, le gambe candide,
i seni piccoli e ben sodi, e con il suo aspetto contrastano deliziosamente
le parole e i modi, che sono quelli della montanara.

---

[55] Nella versione di Wachinger il finale è diverso, perché riporta dei versi che non appaiono nell'edizione di Klein: *lass frichlich bachen*, cioè 'metti forza nell'infornare il pane', con chiaro riferimento all'atto sessuale.

III

Wenn ich das voglen zu geschöck,
und aller zeug beinander ist,
so hört man zwar ain süss gelöck
durch gross gesneud in kurzer frist.
des möcht die schön gelachen,
Das si mir all mein kunst abstilt,
was ich zu voglen han gelert;
von irem kloben mich bevilt,
des gümpels er zu dick begert.
das macht die hütten krachen
von solchen sachen.
Repeticio Ir rotter mund etc.

Kl 79 *Felice voglio tornare a cantare*

I

"Felice, voglio tornare a cantare
la nobile e tenera dama."
"Heinz, Heinrich, avrò sicuramente fortuna,
poiché mi servi con la tua fedeltà."
"Sì, mia signora, e non vi fate per questo gioco di me?"
"Ma certo non è così, Heinz, Dio misericordioso!"
"Oggi dolore, ieri gioia, ma se potessi ottenere i vostri favori,
sarei disposto a morire."
"Per quanto tu soffra, non devi certo morire
o patire così grande miseria."

II

"Mi rallegro alla vista delle vostre sembianze, e dei fermagli d'oro
alle tenere braccia."
"Sono una donna che porta una cintura,
e di nobile stirpe."
"Mi ricordate la gola di un falco."
"Solo non posso volarmene via rapidamente."
"Perdessi anche il raccolto, metterei in gioco due buoi,
per ottenere anche solo un bacio."
"Cosa direbbe la tua scrofa, mio rozzo Heinz,
di questa tua impresa?"

III

"I vostri capelli biondi, e le mani candide
mi rendono ardito."
"Ti prendi gioco di me, lo scommetto sui tuoi denti,
se concordi su questo."
"Con i miei denti, potrei divorarne tre."
"Ah, lo pensi veramente Heinz combina guai?"[56]
"Prendimi dunque, mia signora, o salterò subito in acqua per la rabbia."[57]
"Se tu tornassi da me tutto bagnato,
come mi godrei lo spettacolo! Questo sì lo vedrei volentieri."

---

[56] Wachinger utilizza l'espressione '*Tritt-in den-Brei*', che in tedesco moderno corrisponde a *ins Fettnäpfchen treten*, letteralmente: 'pestare il contenitore del grasso', quindi, 'fare una gaffe'.
[57] '*unnider*' è difficilmente traducibile; in base al dialogo, ritengo si riferisca alla dama e sottolinei il suo non essere del popolo.

Kl 79 *Frölich so wil ich aber singen*

I

„Frölich so wil ich aber singen
der edlen frauen süss."
„Hainz, Hainrich, erst wirt mir wolgelingen,
seid du mir halst deinen grüss."
„ja frau, und wer das nicht eur spot?"
„Simm nain es, Hainrich, sommer got!"
„we heut, wol e, solt ich eur huld erwerben,
dorumb litt ich den tod."
„Ist dir so we, dannocht soltu nicht sterben
und leiden grosse not."

II

„Mich freut euer leib, dorzu die guldin spangen
vor an den ermeln zart."
„Ich bin ain weib, mit gürtel umbevangen,
von adelicher art."
„Ir secht recht als ain valken kel."
„nu kan ich doch nicht fliegen snel."
„Vergieng das paw, ich verwäg mich zwaier oxsen,
und wurd mir neur ain smutz."
„Was spräch dein saw, mein Hainzel Ungeloxsen,
und brächstu disen trutz?"

III

„Euer falbes har, darzü die weissen hende
mir geben hohen müt."
„Du laichst mich zwar, das wett ich umb dein zende,
deucht es dich wesen güt."
„Mit meinen zenden fräss ich wol drei."
„Sim, wenstu, Hainzel Trittenbrei?"
„Mich näm unnider oder ich sprung in ain wasser
von zorn in ainer gäch."
„Kämstu herwider dann für mich also nasser,
wie geren ich das säch!"

IV
"O nobile fanciulla, ho l'impressione che vogliate prendervi gioco di me?
Se così fosse diventerei subito furioso."
"Non voglio rifiutarti una bella fetta di ricotta
della mia capra rossa."
"Ahimè, di ricotta ne ho già abbastanza di mio."
"Ti ringrazio dunque, mio Heinz tira l'aratro."
"Voglio lamentarmi con mia madre,
per essere stato così offeso da voi."
"Vai, ingrassa il carro e trebbia la biada per i cavalli
come gli altri della tua razza!"

IV

„Ir edle maid, was bedürft ir mein ze spotten?
ja wurd ich schier so fraiss."
„Zwar unversait ist dir ain dicker schotten
von meiner rotten gaiss."
„Sim, topfen hab ich selber gnüg."
„Danck hab, mein Hainzel Richtdenpflüg."
„Ich wil es klagen meiner lieben mütter,
das ir mich habt versmächt."
„Ge, smerb den wagen und drisch den rossen fütter
als ander dein geslächt."

Kl 70 *Ehilà oste, bruciamo per la sete*

Ehilà oste, bruciamo dalla sete.
Servici il vino! Servici il vino! Servici il vino.
Brindiamo acché il buon Dio possa allontanare da te ogni dolore.
Porta qui il vino! Porta qui il vino! Porta qui il vino!
E perché possa far aumentare ancor di più la tua fortuna.
Su, ora versa! Su, ora versa! Su, ora versa!

Gretel, vuoi essere la mia amorosa?
Parla dunque, parla! Dunque parla, parla! Dunque parla, parla!
Sì, se mi compri un borsellino,
forse lo faccio, forse lo faccio, forse lo faccio,
ma non strapparmi la cuticola.[58]
Affonda ora, affonda! Affonda ora, affonda! Affonda ora, affonda!

Ehi Jensel, vuoi ballare con me?
Aggiungiti dunque! Aggiungiti dunque! Aggiungiti dunque!
Vogliamo saltellare tutt'intorno come i caprioli.
Jans, non inciampare! Jans, non inciampare! Jans, non inciampare!
E sii attento con la mia fessurina,
spingi per bene, spingi! Spingi più a fondo, spingi! Spingi, Jensel, spingi!

Fischia forte, Hainzel! Philipp, schiocca con le dita!
Fresco libero e felice! Fresco libero e felice! Fresco libero e felice!
Formate le coppie, accostatevi, fate risuonare i catini!
Jans, Lutzei, Kunz, Kathrei, Benz, Klarei,
salta come un vitello, Jaeckel vai dunque!
Juchei-hei! Juchei-hei! Juchei-hei!

La ridda[59] ha inizio, che schiumi il mosto!
Porgi dunque! Porgi dunque! Porgi dunque!
Salta bene Heinrich, ancora un brindisi!
Forza compagno! Forza compagno! Forza compagno!
Metze, Diemut[60] ingoiate la leccornia!
Forza fatevi sotto! Forza fatevi sotto! Forza fatevi sotto!

Ora sbrigatevi, in paese si mangia già,
Non indugiate oltre! Non indugiate oltre! Non indugiate oltre!
Vieni dunque Konrad, pigro gnoccolone,
testa di rapa! Testa di rapa! Testa di rapa!
Non guardati intorno come una carpa.
Sbrigati ragazzo! Sbrigati ragazzo! Sbrigati, sbrigati, sbrigati!

---

[58] Da intendere forse in senso erotico.

[59] Antica danza di gruppo con persone che giravano in tondo, tenendosi per mano e cantando.

[60] '*Metze*' indica prostituta, puttana, ragazza facile. Diemut è un nome femminile.

Kl 70 *Her wiert, uns dürstet*

Her wiert, uns dürstet also sere,
trag auf wein! trag auf wein! trag auf wein!
Das dir got dein laid verkere,
pring her wein! pring her wein! pring her wein!
Und dir dein sälden mere,
nu schenck ein! nu schenck ein! nu schenck ein!

Gretel, wiltu sein mein treutel?
so sprich, sprichs! so [sprich,] sprichs! so sprich, sprichs!
Ja, koufst du mir ainen beutel,
leicht tün ichs, leicht tün ichs, leicht tün ichs,
Und reiss mir nit das heutel,
neur stich, stichs! neur stich, stichs! neur stich, stichs!

Sim Jensel, wiltus mit mir tanzen?
so kom auch! so kom auch! so kom auch!
Böckisch well wir umbhin ranzen,
Jans, nit strauch! Jans, nit strauch! Jans, nit strauch!
Und schon mir meiner schranzen,
dauch schon, dauch! dauch nach, dauch! dauch, Jensel dauch!

Pfeiff auff, Hainzel, Lippel, snäggel!
frisch, frow, fri! frisch, frow, fri! frisch, frow, fri!
Zwait eu, rürt eu, snurra, bäggel!
Jans, Lutzei, Cünz, Kathrei, Benz, Clarei,
spring kelbrisch, durta Jäckel!
ju haig haig! ju haig haig! ju haig haig!

Hin get der raie, seusa, möstel!
nu reckt an! nu reckt an! nu reckt an!
gump auf, Hainreich, noch ain jösstel;
rür, biderbman! rür, biderbman! rür, biderbman! ...
Metz Diemut, deut das kösstel!
dran, dran, dran! dran, dran, dran! dran, dran, dran!

Nu füdert eu, man isst im dorfe,
nempt kain weil! nempt kain weil! nempt kain weil!
nachin, Cünrat, fauler thschorfe,
du lempeil! du lempeil! du lempeil!
lüg umb dich als ain orfe
eil, held, eil! eil, held, eil! eil, eil, eil etc.

Kl 84 *Statemi bene, è ora di andare a dormire!*

I

Statemi bene,[61] è tempo di andare a dormire!
Garzone, fa dunque luce,
perché è ormai ora,
se non vogliamo addormentarci in piedi.
(L'ultimo il diavolo se lo porti!)
Se laici, monaci o preti
si sono approfittati delle nostre donne,
ci sarà una bella contesa.

II

Alza il bicchiere e beviamo,
per non separarci troppo in fretta
da questo buon vino.
E se anche ci fa vacillare le gambe,[62]
dobbiamo lasciarlo entrare comunque.[63]
Signor bicchiere, io vi saluto!
Forse raggiungeremo il letto a fatica,
ma ce ne infischiamo.

III

Ora andiamo piano piano verso la porta,
stiamo attenti a non inciampare
per i passi divenuti incerti.
Quanto costa un altro fiasco?
Qui, oste, bevi anche tu!
Non vogliamo certo litigare,
se anche finirete con il dar di stomaco,
secondo l'usanza polacca!

---

[61] Letteralmente: *wolauf*, che può essere inteso anche come 'salute' e fa dunque riferimento ad un ultimo brindisi.

[62] Letteralmente: 'i prosciutti', con riferimento alla cosce.

[63] Forse uno scherzoso riferimento ad una situazione di paura concreta.

Kl 84 *Wol auff, wir wellen slauffen*

I
Wol auff, wir wellen slauffen!
hausknecht, nu zündt ain liechtel,
wann es ist an der zeit,
da mit wir nicht verkaffen
(der letzt sei gar verheit!),
das laien, münch und pfaffen
zu unsern weiben staffen,
sich hüb ain böser streit.

II
Heb auff und lass uns trincken,
das wir also nicht schaiden
von disem güten wein.
und lämt er uns die schincken,
so müsst er doch herein.
her kopf, nu lat eu wincken!
ob wir zu bette hincken,
das ist ain klainer pein.

III
Nu sleich wir gen der türen.
secht zü, das wir nicht wencken
mit ungelichem tritt.
was gilt des staubs ain üren?
her wiert, nu halt es mit!
wir wellen doch nicht züren,
ob ir eu werdt beküren
nach pollanischem sitt.

IV
Porta qui piano il principe,
in modo che non ci faccia cadere
sulla nuda terra![64]
Canto sempre le sue lodi,
tanto ci riempie di gioia.
Uno deve guidare gli altri!
Oste, non scivolare sul ghiaccio,
il fondo, lì, è dissestato!

V
Ora vogliamo andare a dormire.
Chiedi dunque alla fantesca,
se i letti sono pronti.
Ha salato troppo il cavolo,
e il buon tritello.
Di cosa vogliamo ancora lamentarci?
Mancava anche la giusta dose di lardo;
così i danni sono stati tre.

---

[64] Letteralmente: 'sulla terra di Dio'. L'intera strofa contiene probabilmente un doppio senso e gioca sul termine 'principe', inteso come nobile, ma al tempo stesso, come 'il più nobile tra i vini'.

IV
Her tragt den fürsten leise,
da mit er uns nicht felle
auff gottes ertereich!
sein lob ich immer breise,
er macht uns freuden reich.
ie ainr den andern weise!
wiert, schlipf nicht auff dem eise,
wann es gat ungeleich!

V
Hin slauffen well wir walzen.
na fragt das hausdierelin,
ob es gebettet sei.
das krawt hat si versalzen,
darzu ain güten brei.
was soll wir dorzu kalzen?
es was nit wolgesmalzen;
der scheden waren drei. etc.

ILLUSTRAZIONE 8:
Bolzano, 28 marzo 1407 – Bund des Elefanten
In dorso: *Ain puntnus der lanntsch(aft) an d(er) Etsch / 1407*
In dorso: *1407 Bündnus der Landsherr(en) am Tyrol mit wissen vnd mitfertigung nach Consens das herz. Friderichs wider alle Land(e)sfeind*
Pergamena con 51 sigilli tra cui quelli del duca Federico IV e di Oswald von Wolkenstein

Alla guida del capitano del Tirolo Heinrich von Rottenburg un gruppo di rappresentanti degli stati corporativi del Tirolo, tra i quali appaiono anche 5 signori von Wolkenstein, si costituiscono, con l'approvazione del duca Federico IV d'Austria, nella cosiddetta "Lega dell'Adige" che per i successivi dieci anni garantirà il mutuo soccorso tra tutti i suoi membri.

Vienna, Österreichisches Staatsarchiv, archivio di Stato, di corte e di casata

A Margarete

Kl 68 *Il mio cuore ringiovanisce*

I
Il mio cuore ringiovanisce per la profonda gioia
ed è consolato e redento dalla mano amorevole
che sovente e di sua volontà,
con tenerezza mi cerca, sciogliendo tutte le mie pene
ed ogni terribile senso di disonore.
Lodo il giorno, l'ora, il momento, il tempo, il minuto e il secondo,[65]
in cui ho coscientemente avvertito
come ogni mia pena e ogni mio lamento
fossero finalmente scomparsi; in quel momento si spezzò
la morsa di dolore che serrava il mio cuore.

II
Con onore, o diletta G,
porti gioia nel profondo della mia anima.
E sono poi le nobili R ed E
ad arrecarmi sollievo con una bocca vermiglia,
sempre sorridente.
Alla fine della parola due T conchiudono la fedeltà
che sarà tra noi in eterno.
Oh mio più prezioso tesoro, richiama tutto questo alla memoria ogni giorno,
e altrettanto sono disposto a fare io,
in piena dedizione.

III
Oh mia signora, dimentica ora, se mai mi è occorso
di ferire il tuo onore ed il tuo rango.
Il tuo onore mi è più caro di ogni bene in questo mondo,
e voglio servirlo sempre meglio,
lodevolmente e senza riserva alcuna.
Inseparabili sulla terra fino alla morte,
e dopo di essa per centomila anni ancora.
Nessun pettegolezzo, per quanto minimo,
deve poter mettere dissapore tra di noi.
Diletta del mio cuore, conceda Dio che questo accada!

---

[65] Letteralmente: *quint*, con riferimento al tempo musicale: si tratta dell'intervallo di sette semitoni.

Für Margarete

Kl 68 *Mein herz jüngt sich*

I

Mein herz jüngt sich in hoher gail
und ist getröst, erlösst von lieber hand,
Die mir zu fleiss frei tadels mail
zärtlich erschofs, entsloss all meine band
so gar an strefflich schand.
Ich lob den tag, stund, weil, die zeit, minut und quint,
do ich es hort und gaistlich sach,
Das mir mein klag unzweifelichen so geswind
ward abgenomen; do zerbrach
meins herzen ungemach.

II

Mit eren, o ausserweltes G,
so freust du mich glich inn der sele grund;
Darnach ain edel R und E
mich trösten sol so wol durch rotten mund,
frölich zu aller stund.
An end der wort zwai T beslossen han die treu
von dir zu mir in ewikait.
Mein höchster hort, das lass dir teglich wesen neu,
und desgeleichen ich berait
mit ganzer stetikait.

III

Vergiss durch all dein weiplich [l]er,
wo ich dein zucht, frucht ie erzürnet han.
Für all diss werlt liept mir dein er
und wil der vil bas wesen undertan,
löblich an abelan,
Ungeschaiden hie auff erd bis in den tod
und darnach hundert tausent jar.
Von uns baiden kain falsche zung das bettenbrot
sol freuen mer klain umb ain här;
herz lieb, got füg das wär!

Kl 33 *Il buio ad occidente*

I
Il buio ad occidente,
mi riempie di amorosa nostalgia,
poiché giaccio qui, lontano da lei
nudo[66] e solo tutta la notte.
Colei che con le sua braccia candide e le piccole mani nivee
sa stringermi a sé con passione,
mi è talmente lontana, che non posso più
in ogni mio canto soffocare il lamento.
Per il gran rigirare su me stesso mi dolgono le membra,
mentre sospiro l'amata,
che, sola, appaga il mio desiderio
e lo spasmo dei miei lombi.

II
Mi agito, rotolo da una parte all'altra,
giaccio insonne la notte,
e il desiderio si fa strada da luoghi lontani,
con armi invincibili.
Quando non trovo il mio tesoro al suo posto,
quando la cerco a tentoni,
come mi accade ora, oh! Qual gran dolore, quanto brucia l'assenza,[67]
come se mi avvampasse la brina!
Allora mi stringe e, pur senza corde,
mi costringe fino al nuovo giorno.
La sua bocca risveglia in me senza tregua un desiderio
colmo di accorato lamento.

---

[66] Letteralmente: 'scoperto'.
[67] L'espressione *Feuer im Dach* indica 'una situazione di emergenza', 'di crisi', che permane uguale nelle traduzioni in tedesco moderno, ma non dà senso compiuto in italiano. In questo caso, si è scelto di esplicitare il senso di emergenza che l'espressione intende utilizzando il termine 'brucia' per connotare l'assenza.

Kl 33 *Ain tunckle farb*

I

Ain tunckle farb von occident
mich senlichen erschrecket,
Seid ich ir darb und lig ellend
des nachtes ungedecket.
Die mich zu vleiss mit ermlein weifs und hendlin gleiss
kan freuntlich zu ir smucken,
Die ist so lang, das ich von pang in meim gesang
mein klag nicht mag verdrucken.
Von strecken krecken mir all bain,
wenn ich die lieb beseuffte,
Die mir mein gier neur weckt allain,
darzü meins vatters teuchte.

II

Durch wincken wanck ich mich verker
des nachtes ungeslauffen,
Gierlich gedanck mir nahent ferr
mit unhilflichem waffen.
Wenn ich mein hort an seinem ort nicht vind all dort,
wie offt ich nach im greiffe,
So ist neur, ach, mit ungemach feur in dem tach,
Als ob mich brenn der reiffe.
und winden, binden sunder sail
tüt si mich dann gen tage.
Ir mund all stund weckt mir die gail
mit seniklicher klage.

III
Così trascorro, amata Grete,
la notte fino alle prime luci dell'alba.
Il pensiero del tuo corpo tenero mi trafigge il cuore,
e nel mio canto è manifesto.
Vieni dunque, più grande dei tesori! Un uccello[68] mi spaventa e mi tormenta con
cattiveria,
così che mi sveglio e risveglio.
Non mi dà pace nemmeno per un momento. Adorata, fa sì
che il nostro piccolo letto scricchioli!
La gioia mi fa sentire sul più alto degli scanni,
quando nel mio cuore immagino
come la mia bella amata, con raffinato pudore
verso mattina teneramente mi abbraccia.

---

[68] Letteralmente *ratz*, ratto, cfr. anche Kl 75, che non ha senso pieno in italiano. Il doppio senso di carattere sessuale è reso abilmente, perché l'elemento di disturbo può essere inteso quale animale che lo disturba nel sonno.

III
Also vertreib ich, liebe Gret,
die nacht bis an den morgen.
Dein zarter leib mein herz durchgeet,
das sing ich unverborgen.
Kom, höchster schatz! mich schreckt ain ratz mit grossem tratz,
davon ich dick erwache,
Die mir kain rü lat spät noch frü. lieb, dorzü tü,
damit das bettlin krache!
Die freud geud ich auf hohem stül,
wenn das mein herz bedencket,
Das mich hoflich mein schöner bül
gen tag freuntlichen schrencket.

Kl 75 *Svegliatevi e alzatevi*

I

Svegliatevi e alzatevi!
Bimbi, uomini e donne
siate di buon umore,
freschi, allegri, gai!
Ballate, saltate,
suonate, cantate:
date il benvenuto ai teneri,
verdi prati di maggio!
L'usignolo
e il tordo cantano,
ne riecheggiano
monti e prati.
In due, vicini,
sussurrare amorevolmente,
accarezzarsi in segreto,
dà ancor più piacere
del sole splendente.
Lo sguardo severo
delle perfide donne
vogliamo evitare.
Oh boccuccia bella,
le loro lingue malevoli
non fanno che rallegrare ancor più il nostro cuore.

II

Copriti di verde, piccolo cespuglio
spunta erbetta!
Via, nel bagno,
Oefli, Gredli.[69]
I fiori in boccio
allontanano la stanchezza,
prepara una tettoia
con rami frondosi, Metzli,
porta la tinozza,
lasciaci tubare:
"Lavami, fanciulla, il virgulto!"
"Strofinami, ragazzo,
intorno all'ombelico!
Se mi aiuti,
forse catturo l'uccellino."

---

[69] Diminutivi per Oswald e Gret.

Kl 75 *Wol auff, wol an*

I

Wol auff, wol an! Tenor
kind, weib und man,
seit wolgemüt,
frisch, frölich, früt!
Tanzen, springen,
härpfen, singen
gen des zarten
maien garten grüne!
Die nachtigal,
der droschel hal
perg, au erschellet.
zwai gesellet
freuntlich kosen,
haimlich losen,
das geit wunne
für die sunne küne.
Amplick herte,
der geferte
well wir meiden
von den weiben ungestalt.
Mündlin schöne,
der gedöne
macht uns höne manigvalt.

II

Raucha, steudli,
lupf dich, kreudli!
in das bädli,
ösli, Gredli!
Plümen plüde
wendt uns müde.
laubes decke
rauch bestecke, Metzli,
Pring den buttern,
lass uns kuttren:
„wascha, maidli,
mir das schaidli!"
„reib mich, knäblin,
umb das näblin!
hilfst du mir,
leicht vach ich dir das retzli."

III
Ju Heia heig
splendido maggio.
Fa' spuntare i finferli,
portaci le spugnole!
Uomini e donne, cespugli ed erbe,
lupi, volpi e lepri, tutti li hai resi felici,
e hai tappezzato il mondo di verde.
Ciò che l'inverno
aveva costretto a lunghe attese,
là in fondo al chiuso
e tra i muri,
privo di ogni gioia,
è ora grazie a te, maggio
nuovamente libero e speranzoso.

III
Ju heia haig,
zierlicher maig,
scheub pfifferling,
die mauroch pring!
Mensch, loub und gras,
wolf, fuxs, den has
hastu erfreut,
die welt bestreut grünlichen.
Und was der winder
vast hinhinder
in die mauer
tieffer lauer
het gesmogen,
ser betrogen,
die sein erlöst,
mai, dein getröst fröleichen. etc. Amplick herte etc.

Albe

Kl 37 *La volta del cielo*

I
La buia volta del cielo
scolora
al giungere del giorno.
Gli uccellini dolcemente
mi risvegliano
con un armonioso canto.
Sciolta è la neve,
e le foglie, l'erba, il trifoglio
spuntano ovunque.
Per questo voglio innalzare il mio canto,
senza più patimento
alla mia signora,
che sa placare
ogni mio nostalgico desiderio,[70]
e respingere la tristezza
con le sole mani
amorose.
Di gioia mi riempie,
la leggiadra,
e la mia sofferenza
svanisce.
Quando penso
alle sue membra,
belle e pure,
alla sua grazia imperturbabile,
agli amorevoli abbracci
nei quali è maestra,
allora e con tutto il mio essere
mi voto
a questa tenera donna,
ovunque mi trovi.

---

[70] Da intendere come 'desiderio amoroso'.

Tagelieder, Frühlingsreigen

Kl 37 *Des himels trone*

I
Des himels trone
entpfärbet sich
durch tags gedranck,
Die voglin schone
erwecken mich
mit süssem klanck.
Verswunden ist der snee,
laub, gras, kle
wunnikleich entspringen.
Des wil ich von herzen
an smerzen
meiner frauen, singen,
Die mir kan wenden
als mein senden,
trauren blenden
mit den henden
minnikleich,
freudenreich
macht mich die raine,
klaine
ist mein ungemach.
Wenn ich gedenck
an ir gelencke
sunder wencke
freuntlich schrencke,
die si kan,
undertan
so ist mein leib
dem zarten weib,
neur wo ich gach.

II

Fischietta e lasciaci ballare,
il tiglio è verde,
il bosco in boccio.
In questo tempo di maggio,
mia amata, sii gaia
e senza cruccio;
guarda i piccoli fiori sfavillanti
ricolmi di colori,
teneri nella crescita,
con essi vogliamo adornarci.
Sono come infiammate
le tonalità brillanti
dai colori luminosi,
giovani e delicati.
Erbette ben cresciute,
radicette amare,
ovunque,
vecchie e novelle
sono profuse di dolcezza.
Vi saluto
gemme e germogli
in due, in quattro
in tanti, tutto brulica di vita.
Gridate di desiderio,
avrete presto
tutti soddisfazione.
Oh pudica tra le donne
pensa a me,
quando poi
ti avvicinerò per la danza.

II
Pfeiff auf, lass raien,
die lind ist grüne,
der wald entsprossen,
Gen disem maien,
herz lieb, bis küne
und unverdrossen;
Schau an die blümlin klar,
wolgevar,
zierlich ir gepflänze,
Dorinn well wir brangen.
emphangen
sind die liechten glenze,
Von manger varbe,
junck und marbe,
schmelhlin garbe,
würzlin harbe,
manigvalt.
neu und alt
hand sich gesüsset,
grüsset
sei ir sprinz und sprannz,
Gezwait, gefieret,
schärlich tieret,
schrailich gieret,
kurzlich schieret
alle gnucht.
weiplich zucht,
gedenck an mich,
wenn ich
kom zu dir an den tanz.

III
Soffiate lontano venti sferzanti,
non tormentateci più.
Siete ormai sconfitti, voi
che alla mia fanciulla
screpolavate
la boccuccia rossa.
Il suo visino e le piccole mani bianche
devono poter essere
al sicuro da voi,
quando, sui prati,
la rugiada,
bagna le sue scarpine.
Salute ai pigri,
uscite nei vicoli!
Anziché sedere
come inchiodati
alle panche,
sciocchi e stanchi,
godetevi il sole!
E le fresche acque
che scorrono limpide!
Maggio, tu hai il potere
di risvegliare
ogni cosa,
esultiamone dunque.
Vi chiedete perché?
Semplicemente in grazia
del nostro unico Dio, che nel suo amore,
in verità,
ci colma di simili doni.

III
Fliehet scharpf winde,
lat uns an not,
ir seit genidert,
Die meinem kinde
sein mündlin rot
han durchfidert.
Sein amplick, hendlin weiss
sol mit fleiss
von eu versichert sein,
Wenn si durch die aue
mit taue
benetzt ir schüchlin klain.
Wol auf die lassen
an die gassen,
die vor sassen
als die nassen
auf der banck,
blöd und kranck,
freut eu der sunne!
küler brunne
klar geflinst.
Mai, du kanst machen
allen sachen
ain erwachen,
des wir lachen.
fraget, wes?
alles des,
das neur ain got
an spot
uns sölche gnad verzinnst.

Kl 50 *Maggio generoso*

Maggio generoso
riveste a nuovo ogni cosa,
colline e pianori, monti e valli.
Il dolce canto degli uccellini
risuona e riecheggia,
calandre, allodole, tordi, usignoli.
Il cuculo li segue volando
e minaccia
gli uccellini gorgheggianti,
sentite cosa dice:
"Cu cu, cu cu, cu cu,
datemi la mia parte,
voglio che me la diate,
soffro per la fame
ho lo stomaco vuoto"
"Ahimè come faremo dunque?"
Rispondono gli uccellini.
Scriccioli, lucherini, cinciallegre e allodole, venite su, cantiamo:
oci e lo faccio e lo faccio e lo faccio,
oci oci oci oci oci oci,
fi fideli fideli fideli fi,
ci cierici ci ci cierici,
ci ri civicc, cidivicc fici fici."
Il cuculo canta allora: "cava va cu cu."
"Raco", dice la gazza:
"So cantare bene anch'io:
ma devo essere sazia.
Il mio canto è:
spingi dentro, lì dentro, riempilo!"
"liri liri liri liri liri liri lon!"
Così canta l'allodola, così canta l'allodola, così canta l'allodola.
"Io il tordo, io il tordo, io il tordo: io ho il canto acuto,
che riecheggia nel bosco."
Cantate, trillate
gracchiate e saltellate,
qui e là,
proprio come il nostro prevosto!
"Zidivicc zidivicc zidivicc,
zificigo zificigo zificigo" l'usignolo!
Con il suo canto, conquista il Graal da solo.
"Upciai" dice il puledro
facciamolo anche noi!
La vacca ben presto si aggiunge,

Kl 50 *Der mai mit lieber zal*

Der mai mit lieber zal
die erd bedecket überal,
pühel, eben, berg und tal.
auss süssen voglin schal
erklingen, singen hohen hal
galander, lerchen, droschel, die nachtigal.
der gauch fleucht hinden hin nach
zu grossem ungemach
klainen vogelin gogelreich.
höret, wie er sprach:
„cu cu, cu cu, cu cu,
den zins gib mir,
den wil ich han von dir,
der hunger macht lunger mir
den magen schir."
„Ach ellend! nu wellent sol ich?"
so sprach das klaine vich.
küngel, zeisel, mais, lerch, nu komen wir singen: „oci
und tu ich tu ich tu ich tu ich,
oci oci oci oci oci oci,
fi fideli fideli fideli fi,
ci cieriri ci ci cieriri,
ci ri ciwigk cidiwigk fici fici.
so sang der gauch neur: „kawa wa cu cu."
„Raco", so sprach der rab:
„zwar ich sing ouch wol:
vol müss ich sein,
das singen mein:
scheub ein! herein! vol sein!"
„liri liri liri liri liri liri lon",
so sang die lerch, so sang die lerch, so sang die lerch.
„ich sing hel ain droschelin, ich sing hel ain droschelin, ich sing hel ain droschelin,
das in dem wald erklinget."
ir lierent, zierent
gracket und wacket
hin und her
recht als unser pfarrer.
zidiwick zidiwick zidiwick,
ziflicgo ziflicgo ziflicgo nachtigall,
dieselb mit irem gesangk behüb den gral. etc. tan etc.

l'asino raglia:
"Qui, sacco, sulla mia groppa!"
Hiho hiho hiho hiho hiho hiho vieni!
Così mi chiama la macina
così mi chiama la macina
così mi chiama la macina
"Vattene" dice la mugnaia,
"Tira su" grida la contadina,
"Mio asinello, portalo dunque là!
Là, là e continua con il tuo hiha!
Fa' un po' di musica, non essere pigro, fino a che
gli avvoltoi allo stagno non ti strapperanno la pelle!"
Salute, salute, salute!
Tendi la corda, carica, fatica,
Walburg! E tu, scorazza in giro cacciatore,
nel bosco, per la caccia, la concia, le trappole per uccelli.

ILLUSTRAZIONE 9:
Ulrich Richental (ca. 1365–1437)
Cronaca conciliare di Costanza, 1424/25 / intorno al 1470
Copia detta di San Pietroburgo delle originali cronache conciliari (andate perdute) prive di titolo
e redatta tra il 1421 ed il 1424/25 dallo storiografo di Costanza Ulrich Richental
Codice con testo latino e disegni a penna colorati

La pagina aperta (il verso del foglio 28) mostra in alto a sinistra dell'illustrazione inferiore
Oswald von Wolkenstein al mercato del pesce a Costanza con in mano la metà di un luccio.

Oswald von Wolkenstein, servitore del re, acquista al mercato del pesce di Costanza una partita
di «lucci del lago di Costanza», scena di cui si ricorderà ancora a Piacenza nel febbraio del
1432. Nonostante papa Giovanni XXIII, giunto a Costanza il 27 ottobre 1414, abbia fissato i
prezzi massimi da applicare a partire dal 3 novembre per alloggi, cereali, pane, verdura, vino,
carne, selvaggina, pollame e pesce, i compratori erano ugualmente costretti a discutere e
barattare, visto che né gli osti né i mercanti rispettavano l'ordinanza papale.

Praga, Biblioteca Nazionale

Kl 101 *Svegliati, mio tesoro*

I
Svegliati, mio tesoro, giunge fino a qui,
da oriente, la luce del giorno.
Socchiudi le ciglia e ammira lo splendore,
della volta celeste, nella quale il blu soave
si mescola all'oscurità[71] che ci è stata propizia.
Temo, tra poco sarà giorno.

II
"Lamento ciò che non voglio, la fine della notte;
tra i rami già si sentono gli uccellini
cinguettare con trilli squillanti.
Oh, usignolo, il tuo canto armonioso
non mi porta che patimento, e non posso essertene riconoscente.
Temo il mio lamento si faccia poco femminile."

III
È giunto il momento di dividerci! Il tuo cuore
mi trafigge come una lancia, poiché so di non poter restare.
Questo distacco non mi porta che tormento,
la tua piccola bocca vermiglia risveglia in me un dolente desiderio.
L'amara morte mi spaventa meno.
La separazione mi annienta.

---

[71] Letteralmente: 'grigio', che non dà però un senso compiuto in italiano.

Kl 101 *Wach auff, mein hort!*

I

Wach auff, mein hort! es leucht dort her
von orient der liechte tag.
blick durch die braw, vernim den glanz,
wie gar vein blaw des himels kranz
sich mengt durch graw von rechter schanz.
ich fürcht ain kurzlich tagen.

II

„Ich klag das mort, des ich nicht ger,
man hört die voglin in dem hag
mit hellem hal erklingen schon.
O nachtigal, dein spehier don
mir pringet qual, des ich nicht lon.
unweiplich müss ich klagen.“

III

Mit urlob fort! deins herzen sper
mich wunt, seid ich nicht bleiben mag.
schidliche not mir trauren pringt,
dein mündlin rot mich senlich zwingt,
der bitter tod mich minder dringt.
mich schaiden macht verzagen.

Kl 49 *Dimmi dunque, Oh mio amato*

"Dimmi dunque, oh mio amato, cosa significa per noi questo eco malaugurato
che senza sosta rimbomba?"
"Ahi ahi, si svegli, chi ancora è discinto e svestito."
"Mio solo bene,[72] deve dunque questo sconosciuto disturbarci tanto brutalmente?
In mano di chi mi abbandonerai?"
"Ahi ahi, ecco giungere il bagliore del giorno.
Rapidi si mettano in cammino, coloro che resterebbero volentieri sotto le coltri!
Senti, senti, senti, compagno, il doloroso eco,
alzati, levati, pronto, via!
Gli uccellini cinguettano tra i cespugli,
il merlo, il tordo, il fringuello,
e un lucherino, chiamato cuculo."

"Ascolta, mia signora, e intendi il suono del corno echeggiare
per monti e valli, dovunque incurante di noi,
sento anche l'usignolo;
il rosso all'alba del nuovo giorno
sconfigge l'oscurità.[73] Soffia dunque
sentinella! Avverto il tuo scontento.
Mi sferza il vento da oriente,
che spazza via le stelle dal firmamento,
e che spezza ora, qui, la nostra gioia.
Mia tenera amata fanciulla,
il corno rimbomba minaccioso.
Ti sento! Tu tormenti la mia diletta!"
"Via, via, via, via,
oh! Lamento inconsolato, mattino inesorabile,[74]
quanto a lungo ancora il tuo giungere ci porterà sofferenza?
Allontanati, oh mio più grande tesoro, ma torna presto da me!"

---

[72] Letteralmente: 'uomo'.
[73] Letteralmente: 'blu'.
[74] Letteralmente: 'mattino che uccide'.

Kl 49 *Sag an, herzlieb*

a

„Sag an, herzlieb, nu was beteutet uns so gar schricklicher hal
mit seinem don?"
aahü, aahü, wol auf, die nacken bloss!
„Ainiger man, sol uns der gast erstören hie so ach ellend?
wem lastu mich?
aahü, aahü, her gat des tages schein.
Pald ab dem weg, die geren läg!
hör, hör, hör, gesell, klüglichen geschell,
stand upp, risch upp, snell upp!
die voglin klingen in dem hard,
amsel, droschel, der vinck,
und ain ziselin, das nennet sich guggukh.

b

„Los, hau, und hör des hornes schal,
berg und tal überal ane qual,
ouch hör ich die nachtigal;
des liechten morgen rötte
sich vor der pleb her dringt. blas schon,
wachter! ich spür dein zoren michel gross.
Mich rürt ain wind von orient,
der entrennt ouch blennt das firmament,
und der uns die freud hie wennt.
zart minnikliche dieren,
das horen pollret grimmikleich.
ich hör dich wol, du trübst die fraue mein."
„Los, los, los, los
sennliche klag! mordlicher tag,
wie lang sol unser not mit dir bestan?
hab urlob, höchster schatz, kürzlich herwider ruckh!"

K1 92 *Vieni di qua, vieni in questa direzione*

"Vieni di qua, vieni in questa direzione Bärbeli, amore mio,
vieni da me con le tue pecorelle,
vieni rapida, mia bella Bärbeli!"

"Ti sento, ti sento bene, ma non lo farò di certo.
Il tuo pascolo, vale poco,
la mia radura è verde e rigogliosa."

"Il mio pascolo, il mio pascolo, è veramente copioso e squisito,
pieno di trifoglio, di foglie, di erbe, e di tanti fiorellini in boccio,
la neve si sta sciogliendo qui, dove alpeggio."

"In compenso qua sento, qua sento, il canto dolce di molti uccellini,
così il tempo passa in fretta,
e i miei pensieri si innalzano liberi."

"Ma qui ho, ma qui ho una fresca e chiara sorgente,
e una bella ombra per il sole,
vieni dunque, delizia dolce del mio cuore!"

"Per la sete, per la sete non soffro di certo,
non ho mangiato ancora il pane ed il formaggio
che oggi mia madre mi ha dato."

"Molte spugnole, spugnole piccole crescono qui, in questo cespuglio,
e in più ci sono le piume dei giovani uccellini,
se verrai, le dividerò con te."

"Se mi assicuri, se mi assicuri che mi lascerai in pace,
allora forse potrò raggiungerti;
se no, me ne andrò lontano con i miei animali."

"Non temere, non temere mia sola e unica fanciulla!
intreccerò i tuoi capelli chiari
e liscerò la tua gonna rossa."

"Questo me l'hai, questo me l'hai promesso già molte volte in nome di tutti i santi,
che mi avresti lasciata in pace,
e hai comunque tentato di toccarmi su e giù."

Kl 92 *Treib her, treib überher*

„Treib her, treib überher, du trautes Berbelin das mein,
zu mir ruck mit den schäfflin dein,
kom schier, mein schönes Berbelin!"

„Ich merck, ich merck dich wol, aber ich entün sein werlich nicht,
dein waide, die ist gar enwicht,
mein haide stat in grüner phlicht."

„Mein waid, mein waid, die ist wol auss der massen kurlich güt,
mit kle, loub, gras, vil plümlin plüt,
der snee get ab in meiner hüt."

„So hör, so hör ich hie vil süsser vogelin gesangk,
da bei ist mir die weil nicht lanck,
gar frei ist aller mein gedanckh."

„So han, so han ich hie wol ain külen, klaren brunn,
dorumb ain schatten für die sunn.
nu kum, meins herzen höchste wunn!"

„Von durst, von durst so hab ich kainerlaie hendlin not,
ja keut ich nie das käss und brot
von heut, das mir mein mütter bot."

„Vil swammen, swemmelein, die wachsen hie in disem strauch,
darzu vil junger voglin rauch.
kämstu zu mir, ich gäb dir ouch."

„Wiltu, wiltu mich sichern, genzlichen mit gemache lan,
villeicht so treib ich zu dir hnan;
susst weicht mein vich verrlich herdan."

„Nu fürcht, nu fürcht dich nicht, mein ausserwelte schöne tock!
ja flicht ich dir deinen weissen lock
und slicht dir deinen rotten rock."

„Das hast, das hastu mir so dick versprochen bei der wid,
vest stet zu halden ainen frid,
noch tet du mir an meim gelid."

"Il danno, il danno che ne hai avuto è stato insignificante,
come ha detto anche tua sorella;
ma in futuro ti lascerò sicuramente in pace."

"Questo si vedrà, questo si vedrà, solo quando andrò in sposa,
se la mia cuticola sarà stata rovinata.
Accidenti a te, sei stato troppo un selvaggio."

"Tu sei, tu sei la benvenuta, più grande dei miei tesori!
Mi sei più cara vicina che lontana.
Sussurrami dunque parole d'amore."

"E se fossi, e se fossi lontana, chi ci sarebbe, mio amato, qui con te?
Il mio cuore non ti si è mai allontanato del tutto,
lo sai bene."

"Questo mi riempie, questo mi riempie di gioia,
la tua bocca color di rosa mi ristora a lungo,[75]
e scioglie i lacci che avvinghiano un cuore sconsolato."

Molta gioia, molta gioia e piacere giunse dunque ad entrambi,
fino a quando, improvvisa, sopraggiunse la sera.
Senza patimento si separarono i loro cammini.

---

[75] Letteralmente: 'mille ore'.

„Der schad, der schad was klaine, der deinem leib allda beschach,
in mass, als es dein swester sprach;
ich lass dich fürbass mit gemach."

„Das wirt, das wirt sich sagen erst, so ich werden sol ain braut,
ob sich verraucket hat mein haut.
pfüg dich, du tet[st] mirs gar zu laut."

„Bis wil, bis wilkomen, du wunniklicher, schöner hort!
du bist mir lieber hie wann dort.
nu lisp mir zu ain freuntlich wort!"

„Und wer, und wer ich dort, wer wer dann, lieb, bei dir allhie?
mein herz dich genzlich nie vorlie
an smerz, du waisst wol selber, wie."

„Des wol, des wol mich ward! vil mer wann hundert tausent stund
mich trösst dein röselochter mund,
der losst auf sweres herzen punt."

Vil freud, vil freud und wunne ir baider leib all do betrat,
bis raid der aubent zuher jat.
an laid schied sich ir baider wat. etc.

Testi di riferimento

Edizione:

Oswald von Wolkenstein, *Die Lieder*, Unter Mitwirkung von Walter Weiß und Notburga Wolf herausgegeben von Karl Kurt Klein, 3. neubearbeitete und erweiterte Auflage von Hans Moser, Norbert Richard Wolf und Notburga Wolf, Niemeyer, Tübingen 1987.

Traduzioni in tedesco moderno:

Oswald von Wolkenstein, übertragen und herausgegeben von Hubert Witt, Herbig, Berlin, München, Wien 1968.

Oswald von Wolkenstein, übertragen und kommentiert von Klaus Schönmetzler, Vollmer, München 1979.

Oswald von Wolkenstein, übersetzt von Wernfried Hofmeister, Kümmerle, Göppingen 1989.

Oswald von Wolkenstein, *Lieder*, Ausgewählte Texte herausgegeben, übersetzt und kommentiert von Burghart Wachinger, Reclam, Stuttgart 2007.

Indice

ILLUSTRAZIONE 10:
Il museo storico-culturale Castel Tirolo, Tirolo, Alto Adige

Inhaltsverzeichnis

Weitere Titel der Reihe Interkulturelle Begegnungen:

Francesco Algarotti (1712–1764)
Annotazioni biografiche
Francesco Algarotti (1712–1764)
Biografische Anmerkungen
(Interkulturelle Begegnungen 10)
Von Ivana Miatto
2011, 116 Seiten, Hardcover, Euro 22,90/42,50 CHF, ISBN 978-3-89975-265-6

Diese Studie bietet neue Einblicke in die Biografie Francesco Algarottis, sowohl was seine familiären Beziehungen als auch seine Tätigkeit als Kunstvermittler zwischen Venedig und Hessen-Kassel angeht. Sie leistet somit einen wertvollen Beitrag zur Rekonstruktion einer wissenschaftlich fundierten Biografie des venezianischen Aufklärers, die immer noch aussteht.

La Forma del Sogno
La rappresentazione del sogno in romanzi tedeschi e francesi
degli anni '70 tra filologia e fisiologia
Die Form des Traums
Die Traumdarstellung in deutschen und französischen Romanen
der 70er Jahre zwischen Philologie und Physiologie
(Interkulturelle Begegnungen 9)
Von Francesca Bravi
2011, 172 Seiten, Hardcover, Euro 31,90/56,50 CHF, ISBN 978-3-89975-260-1

Um Träume in der Literatur oder Kunst zu beschreiben, nutzte die Literaturwissenschaft bislang fast ausschließlich die von Sigmund Freud entwickelten psychologischen und psychoanalytischen Vorgehensweisen. Diese Arbeit dagegen nähert sich dem erzählten Traum anhand des neurophysiologischen Ansatzes von Allan J. Hobson.

Untersucht werden Traumsequenzen aus Traumtagebüchern oder Tagebüchern von Schriftstellerinnen aus Frankreich und der ehemaligen DDR (Marguerite Yourcenar, Hélène Cixous, Marie Cardinal, Maxie Wander, Christa Wolf und Christine Wolter). Dabei zeigt sich, dass Traumdarstellungen erst in der interdisziplinären und interkulturellen Sicht, im Dialog zwischen Philologie und Neurophysiologie, begrifflich zu fassen sind.

Ihr Wissenschaftsverlag. Kompetent und unabhängig.

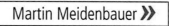

Martin Meidenbauer »

Verlagsbuchhandlung GmbH & Co. KG
Schwanthalerstr. 81 • 80336 München
Tel. (089) 20 23 86 -03 • Fax -04
info@m-verlag.net • www.m-verlag.net

Galileo scienziato, filosofo, scrittore
A quattro secoli dal *Sidereus Nuncius*
Galileo als Wissenschaftler, Philosoph, Schriftsteller
Vierhundert Jahre nach dem *Sidereus Nuncius*
(Interkulturelle Begegnungen 8)
Hg. von Piero A. Di Pretoro/Rita Unfer Lukoschik
2011, 246 Seiten, Hardcover, Euro 44,90/78,00 CHF, ISBN 978-3-89975-232-8

Dieser Band behandelt einige der mannigfaltigen Aspekte im Handeln Galileis und geht auf die Bedeutung ein, die er für die Kulturgeschichte von Wissenschaft, Philosophie, Literatur, Musik und Kunst (nicht nur) in Europa seit dem Beginn der Moderne bis zum heutigen Tag hat. Auf diese Weise möchte das Buch auch einen Beitrag zum interkulturellen Austausch zwischen der humanistischen und der wissenschaftlichen Kultur leisten. Die mangelnde Vernetzung dieser beiden Bereiche wurde schon im XX. Jahrhundert als drängendes Problem empfunden und harrt nach wie vor einer Lösung.

Zweiheimische Figuren in der italienischsprachigen
Gegenwartsliteratur
Figure *biculturali* nella letteratura contemporanea in lingua italiana
(Interkulturelle Begegnungen 7)
Von Loredana Russo
2011, 208 Seiten, Hardcover, Euro 46,90/81,50 CHF, ISBN 978-3-89975-228-1

Diese Untersuchung über italienischsprachige interkulturelle Literatur richtet die Aufmerksamkeit auf die kulturellen Implikationen eines Ortwechsels in der deutschen und italienischen Gesellschaft. Aus Werken von Autoren mit Migrationserfahrung wird entnommen, wie sie die kulturellen Grenzen verlagern oder gar verwischen indem sie ihre Umgebung deuten, beobachten und kritisieren. Die fiktiven Akteure einer aus zwei Kulturen schöpfend interkulturellen Lebenshaltung werden als *zweiheimisch* definiert.

Literatur als Reflexionsmedium kultureller Vorgänge gibt sie die Vielfalt interkultureller Begegnungen wieder und kann als Grundlage zur Erforschung interkultureller Praxis gesehen werden. Carmine Abate, Marisa Fenoglio, Silvia Di Natale, Joseph Zoderer, Saidou Moussa-Ba, Laila Wadia, Tahar Lamri, Ermia Dell'Oro und Igiaba Scego zeugen jeder auf unterschiedlichen Weise von einem Zweiheimisch-Sein in der heutigen Gesellschaft.

Ihr Wissenschaftsverlag. Kompetent und unabhängig.

Martin Meidenbauer »

Verlagsbuchhandlung GmbH & Co. KG
Schwanthalerstr. 81 • 80336 München
Tel. (089) 20 23 86 -03 • Fax -04
info@m-verlag.net • www.m-verlag.net

Voices of the Body
Liminal Grammar in Guido Cavalcanti's *Rime*
Voci del corpo
Grammatica liminale nelle *Rime* di Guido Cavalcanti
(Interkulturelle Begegnungen 6)
Von Federica Anichini
2009, 200 Seiten, Hardcover, Euro 39,90/69,50 CHF, ISBN 978-3-89975-131-4

"Federica Anichini's volume on Guido Cavalcanti's poetry, the Rime, *is an excellent scholarly work. It summarizes and analyzes previous attempts to explain, clarify, and untangle its many difficulties and obscurities, while providing an exegesis of Cavalcanti's lyric poetry through the scientific texts that furnished the actual vocabulary of this poet and poetry. [...]*
This work – erudite, extremely well documented, clearly and smoothly written – is an extraordinary tool for the profound comprehension of Cavalcanti's body of poetry and is valuable for teachers and students of all Italian lyric poetry, [...].Henceforth readers and scholars will have to consult Anichini's volume in deciphering Cavalcanti's poetry." (Renaissance Quarterly)

Deutschland in der italienischen Literatur seit dem Ende des Zweiten Weltkriegs
La Germania nella letteratura italiana dopo la seconda guerra mondiale
(Interkulturelle Begegnungen 5)
Von Anna Griesheimer
2009, 225 Seiten, Hardcover, Euro 39,90/69,50 CHF, ISBN 978-3-89975-165-9

Wirtschaftswunder, Massentourismus oder die Migration von Gastarbeitern beispielsweise haben in den Beziehungen der beiden Länder auf politischer, wirtschaftlicher und gesellschaftlicher Ebene zu grundlegenden Veränderungen geführt. Wie sich diese in der italienischen Literatur widerspiegeln und auf welche Art und Weise italienische Autoren während dieser Jahrzehnte Deutschland darstellen, ist Gegenstand der Studie.

Die Antike in der heutigen Welt
Kolloquium über das Klassische an der J. W. Goethe-Universität Frankfurt a. M.
L'antichità classica ed il mondo contemporaneo
Atti della giornata di studi presso l'Università di Francoforte sul Meno
(Interkulturelle Begegnungen 4)
Hg. von Piero A. Di Pretoro/Rita Unfer Lukoschik
2009, 138 Seiten, Hardcover, Euro 24,90/46,00 CHF, ISBN 978-3-89975-164-2

In ihren Beiträgen behandeln Althistoriker, Altphilologen und Vertreter der klassischen Archäologie, die an deutschen und italienischen Universitäten lehren, wichtige Aspekte der Kulturgeschichte, in denen die Bedeutung und die Relevanz des klassischen Erbes für die Bildung einer gemeinsamen europäischen Identität im Kontext einer globalisierten Gesellschaft hervorragt.

Der Salon als kommunikations- und transfergenerierender Kulturraum

Il salotto come spazio culturale generatore di processi comunicativi e di interscambio
(Interkulturelle Begegnungen 3)
Hg. von Rita Unfer Lukoschik
2008, 334 Seiten, Hardcover, Euro 54,90/95,50 CHF, ISBN 978-3-89975-148-2

Der Sammelband bietet in einer Reihe von Fallstudien diachronische Sondierungen zur Herausarbeitung allgemeiner Grundzüge und Tendenzen des italienischen Salonlebens im Spannungsfeld europäischer Kulturen. Dabei werden kulturelle und politische Implikationen der in diesem hybriden Raum generierten und als Zusammenwirken performativer Handlungen begriffenen Kommunikation ausgeleuchtet. Die darin erzeugten Begegnungen fremder Lebensentwürfe und Kulturkonstrukte werden ebenso behandelt.

„Der Band über den Salon als kommunikations- und transfergenerierender Kulturraum ist eine wahre Fundgrube für Informationen über die europäische Salonkultur. " (Literaturwissenschaftliches Jahrbuch)

Ein europäischer Komödienautor
Carlo Goldoni zum 300. Geburtstag

Carlo Goldoni commediografo europeo nel terzo centenario della nascita
(Interkulturelle Begegnungen 2)
Hg. von Richard Schwaderer/Rita Unfer Lukoschik/Friedrich Wolfzettel
2008, 212 Seiten, Hardcover, Euro 39,90/69,50 CHF, ISBN 978-3-89975-141-0

Die Akten des deutsch-italienischen Kolloquiums spiegeln den ganzen Reichtum der inzwischen hervorgetretenen neuen Aspekte, von Editionsproblemen über zeitgeschichtliche Einflüsse bis zu Fragen der Selbstinszenierung des Autors und der medialen Kommunikation Goldonis dramatischen Werkes.

Il Demone e il Barbiere
Grottesco e Monologo in Isaac Bashevis Singer e Edgar Hilsenrath

Der Dämon und der Friseur
Groteske und Monolog bei Isaac Bashevis Singer und Edgar Hilsenrath
(Interkulturelle Begegnungen 1)
Von Veronica Pellicano
2008, 306 Seiten, Hardcover, Euro 54,90/95,50 CHF, ISBN 978-3-89975-114-7

Mit Singer und Hilsenrath werden in diesem Buch erstmals zwei Autoren literaturwissenschaftlich gegenübergestellt, die sich in ihrer Verschiedenheit nicht ähnlicher sein könnten: märchenhaft jiddisch-dämonisch, skandalös bizarr-grotesk.